코칭이 심리학을 만났을 때

코칭이 심리학을 만났을 때

코칭 역량을 한 단계 높여주는 질문의 비밀

김종명 지음

코칭은 어떻게
심리학의 토대 위에 열매를 맺었나

꼭 필요했던 책이 나왔다! 나는 20년 넘게 코칭을 해왔고, 리더들 또는 코치가 되려는 분들을 대상으로 코칭 교육을 해왔다. 많은 사람을 만났고 코칭과 교육을 통해 크게 성장하는 분들을 지켜봐왔다. 정말 보람 있는 일이다. 그런데 코치 양성 교육 훈련을 진행하면서 갈등을 느낄 때가 있었다.

코칭을 이론적으로만 다루면 깊이는 있지만 지루하고, 실용적이지가 않다. 반대로 짧은 시간에 코칭의 핵심을 전달하려다 보면 이론적 기초보다는 곧장 실용적인 코칭 모델을 가르치고 적용하게 된다. 보통 앞부분에 코칭의 철학을 다룬다. 하지만 시간 관계상 그 철학의 심리학적 토대를 깊이 있게 설명하기 어렵다. 그다음 코칭 대화의 프로세스와 핵심 역량을 설명한다. 일방적인 교육이 아니라, 실습을 통해 경청하고 좋은 질문을 활용하여 코칭하도록 이끌게 된다. 이런 훈련법은 꽤 효과가 있어서, 사람들은 처음 코칭을 접할 때 단 하루 만에도 '와, 대화가 이렇게 달라질 수 있구나!' 하는 유레카 경험을 한다. 상대방을 판단하지 않고 있는 그대로 수용하며 적극적으로 경청하고, 스스로 생각하도록 열린 질문을 하면서 코칭을 하면, 상대방은 관점의 전환이나 새로운 발견을 경험한다. 이런 대화를 통해 자신의 생각은 물론 인간관계도 달라질 수 있다. 짧은 코치 훈련에서도 어렵지 않게 코칭의 본질적인 접근법을 이해하고 적용할 수 있다.

하지만 이렇게 실용적으로 코칭을 접하다 보면, '왜?'라는 기초가 빠진 채 코칭을 스킬로 이해하는 우(愚)를 범하기가 쉽다. 저자 김종명 코치가 지적했듯이, 코칭 질문을 하는데 그 맥락을 모르고 질문 리스트만 따라 하기 때문이다. 그런 질문이 어디에서 연유하는지, 왜 그 질문이 파워풀한지, 어떤 토대 때문에 의미 있는지를 모르면서 질문을 한다. 한마디로 스킬 위주의 코칭이다.

코칭 질문이 열매라면 그 열매를 맺게 하는 데는 토양과 나무가 필요하다. 열매가 나오기 위해서는 인간 심리의 이해라는 토양이 있어야 한다. 그 토양 위에 각 심리학 이론에 따라 다르게 뻗어나간 가지들이 있다. 정신분석학, 행동주의, 인본주의, 긍정주의 등 심리학적 사조에 따라 인간의 행동을 이해하는 프레임과 렌즈라는 줄기가 다르게 발전한 것이다. 그런 면에서 이 책은 우리가 활용하는 코칭 질문의 근거를 이해하는 데 도움이 된다.

책 제목이 '코칭이 심리학을 만났을 때'다. 이 두 가지의 만남을 잘 이해해보라는 뜻인 것 같다. 나는 코칭과 심리학의 만남이라기보다는 코칭이 어떻게 심리학적 이론과 적용 방법에 기초해서 발전해왔는지, 그 연원을 설명해주는 책으로 읽었다. 코치나 리더들이 이 책을 읽으면 코칭과 코칭 질문의 근거를 알게 될 것이다. 그렇기에 더 자유롭게 용기 있는 코칭 질문들을 활용할 수 있을 것이다. 인간 심리와 코칭에 관심 있는 많은 독자들의 일독을 권한다.

고현숙(국민대 교수, 코칭경영원 대표 코치)

질문, 제대로 알고 하자

나는 지인을 오랜만에 만날 때나, 코칭 세션이 두 번 이상 진행된 고객을 만날 때, 주로 "그동안 어떻게 지냈습니까?" 하고 인사한다. 상대방은 이 질문을 받으면 처음엔 뭐라고 대답해야 할지 잠시 망설이다가, 이내 자신의 이야기를 하기 시작한다. 내가 이렇게 질문하는 데는 의도가 있다. 어떤 이야기를 할 것인가에 대한 선택권을 상대방에게 주기 위한 것이다. 이 질문을 받으면 상대방은 무슨 말을 해야 할지 잠시 생각에 잠긴다.

'그동안 내가 어떻게 지냈지?'

이 질문은 상대방의 삶 속에서 '지금 현재' 자신의 관심이 무엇인지 이끌어낸다. 상대방의 무의식에 있는 것을 현재 의식으로 끌어내는 것이다.

이 질문에 대해 사람들은 주로 이런 대답을 한다.

"정말 바쁘게 지내고 있는 거 같습니다. 시간이 정말 빨리 가네요."

그러면 나는 묻는다.

"주로 어떤 일로 바쁘신가요?"

이렇게 상대방의 무의식에 자리 잡고 있는 생각을 현재 의식으로 끌어내는 게 나의 대화 시작 방법이다. 꼭 집어서 구체적으로 질문하는 것도 좋겠지만, 나는 대체로 이렇게 두루뭉술하게 질문한다. 그러나 이게 언제나 좋은 건 아니다. 맥락에 맞아야 한다. 처음 만난 사람에게 "그동안 어떻게 지내셨습니까?"라고 묻는 건 웃기는 일 아니겠는가?

어떤 코치는 "지난 세션 이후에 어떤 감사한 일이 있었나요?"라는 질문으로 코칭을 시작한다. 그러면 고객의 초점은 자신의 삶 속에서 감사한 일을 찾는 것으로 옮겨간다. 또 "지난 세션 이후에 어떤 보람 있는 일이 있었나요?"라고 질문하면, 고객은 자신의 삶을 돌아보며 보람 있는 일을 찾는다. 이렇듯 질문하는 곳으로 생각의 초점이 맞춰진다.

어떤 회사 부사장을 코칭할 때였다. 중요한 의사결정을 해야 하는데 어떻게 하면 좋겠는지 내게 물었다. 난감한 일이다. 내가 어떻게 답을 알겠는가? 내가 제안했다.

"부사장님 실험 한번 해보시겠어요?" 고객은 그렇게 하겠다고 했다.

"눈을 감아보시겠어요? 지금부터 제 질문에 마음속으로만 대답하시면 됩니다. 심호흡을 깊게 세 번 해보세요. 직장 생활을 하면서 제일 큰 성취를 이뤘던 때를 떠올려보실래요? 언제였습니까? 무슨 일이 있었습니까? 그때 어떻게 했습니까? 어떤 성과를 얻었습니까? 그때 옆에 누가 있었습니까? 그들이 어떤 칭찬을 해줬습니까? 그때의 기분은 어땠나요?

또 직장 생활을 하면서 가장 행복했던 순간을 떠올려보세요. 뭐가 보이나요? 어떤 소리가 들리나요? 몸에서 뭐가 느껴지나요? 그 순간을 스냅샷으로 찍어보세요.

자, 이제 심호흡을 세 번 하시고, 제일 큰 성취를 이루었던 때, 제일 행복했던 때의 내가 지금 이 의사결정을 한다면 어떻게 하시겠습니까? 대답은 하지 않아도 좋습니다. 생각이 정리되면 눈을 떠주세요."

고객은 잠시 더 생각하다가 눈을 떴다. 표정이 매우 밝았다. 고객이 물었다.

"코치님, 이 방법 정말 좋은 거 같은데, 이 방법의 이론적 근거가 뭔가요?"

나는 이렇게 대답했다.

"긍정심리학에 의하면, 긍정 정서를 경험한 사람은 생각의 질이 높아져서 더 나은 의사결정을 할 가능성이 높다고 합니다. 그래서 부사장님이 더 나은 결정을 할 수 있도록 돕기 위해, 부사장님의 내면에 있는 긍정 경험을 이끌어내고, 긍정 정서를 충분히 경험하게 한 겁니다."

코치는 질문을 통해 자신의 존재를 드러낸다.

'아니, 무슨 저런 엉뚱한 질문을 하지? 말도 안 돼!'

'아니, 어쩌면 저렇게 깊이 있고 통찰이 있는 질문을 할 수 있을까?'

이렇듯 질문은 그 사람의 수준을 보여준다.

언제, 어떤 질문을 하는지는 단순히 질문하는 걸 넘어서서 코치의 존재를 드러내는 행위다.

그렇다면 어떤 질문을 할 것인지가 관건이다.

질문을 잘하려면 어떻게 해야 할까?

먼저, 질문을 많이 알고 있어야 한다. 그리고 적재적소에 타이밍에 맞게 사용할 수 있어야 한다. 두 가지가 모두 중요하다.

평소에 질문 역량을 높여놓아야 하고, 언제 어떤 질문을 하는 게 좋은지, 맥락을 읽을 줄 아는 힘이 있어야 한다.

멘토 코칭을 하다 보면, '고객님은 어떤 분이세요?'라는 질문을 하는 경우를 자주 본다. 그런데 이 질문은 맥락에 맞지 않으면 매우 생뚱맞다. 이 질문은 고객이 뭔가 헌신하고 기여하며, 가치 있는 삶을 살아가려고 하는 의지를 가지고 있고, 그런 노력을 하는 걸 코치가 목격했을 때, 고객의 가치를 확인시켜주고 더 강화해주기 위해서 하는 질문이다. 시도 때도 없이, 아무런 맥락도 없이 "고객님은 어떤 분인가요?" 하고 질문하는 건 마치 톱으로 망치질을 하는 것과 같다. 톱은 나무를 자를 때 쓰는 도구고, 망치는 못을 박을 때 쓰는 도구다. 만약 목수가 도구의 쓰임새를 잘 모르고 아무렇게나 사용한다면 어떻게 되겠는가?

대인관계가 어렵다고 할 때, 코치들은 주로 이런 질문을 한다.
'예전에도 대인관계에서 이런 어려움을 겪은 적이 있나요?'
'주로 어떤 사람들과 대인관계가 어려운가요?'
'지금 말하면서 어떤 감정이 드나요?'
이 질문들은 그냥 나온 게 아니다. 정신역동 심리학의 영향을 받은 코치들이 주로 하는 질문들이다. 이들은 고객의 무의식적인 동기와 갈등이 현재의 행동과 감정에 영향을 준다고 믿는다. 그래서 그들은 고객의 무의식을 탐색하며, 과거 경험과 현재 행동의 연결을 통해 고객의 자기 인식을 촉진하고자 한다.

멘토 코칭을 하면서 후배 코치들이 맥락에 맞지 않는 질문을 하는 걸 자주 목격했다. 맥락에 맞지 않는 질문은 코치와 고객 모두에게 난감하고 불편한 분위기를 만들었다. 후배 코치는 왜 이런 불편한 분위기가 만들어지는지 이해하지 못했다. 자기가 하는 질문이 가지고 있는 배경과 맥락을 몰랐기에, 그 질문이 가져오는 효과에 대해서도 잘 알지 못했던 것이다. 이런 일이 빈번하게 일어났다. 선배로서 답답했다. 왜 이런 일이 생기는지, 어떻게 하면 해결할 수 있겠는지 고민하기 시작했다. 이게 이 책의 출발점이다.

먼저, 후배 코치들이 맥락에 맞지 않게 잘못 사용하고 있는 질문이

13

뭔지를 정리해봤다. 그 과정에서 많은 사람들이 질문의 배경과 의미를 잘 모르고 사용하고 있다는 걸 알게 됐다.

코칭에서 사용하는 질문들은 모두 목적과 배경이 있다. 특정 목적을 달성하기 위해 그 질문을 하는 것이다. 그런데 질문이 가진 배경과 맥락을 제대로 모르면 질문을 엉뚱하게 사용할 수밖에 없다. 코칭 질문의 배경과 맥락을 제대로 이해하는 게, 제대로 된 코칭을 할 수 있는 길이라는 생각이 들었다.

그래서 이 책을 통해 코칭 질문의 배경과 맥락에 대해 살펴보고자 한다.

제1부에선 주요 6개 심리학이 코칭에 미친 영향을 살펴보고, 그들의 다양한 관점을 통해 코칭 질문 역량을 한 단계 더 높이고자 했다.

제2부에선 코치들이 실전에서 많이 사용하고 있는 코칭 질문들을 소개하고, 각 질문들의 사용법에 대해 살펴보았다.

코칭과 심리학은 모두 인간의 행복을 위해 존재한다. 변화와 성장을 추구하는 것도 결국은 행복을 위한 것이다. 변화와 성장은 행복의 최종 목적지가 아니다. 행복은 그 과정 속에 존재한다.

뭔가를 이루고 나면 행복해지는 게 아니라, 뭔가를 이루어가는 과정 그 자체와 결과가 모두 행복해야 하는 것이다.

코칭과 심리학도 마찬가지다. 무엇을 알게 된 게 행복이 아니라, 뭔가를 배워가는 과정 자체가 행복해야 하는 것이다.

이 책을 다 읽고 나면 행복해질 거라고 기대하지 말자. 이 책을 읽고 있는 지금 이 순간이 행복하지 않다면 무슨 의미가 있겠는가?

심리학을 코칭에 자유자재로 적용할 수 있는 역량이 생기면 행복해질 거라고 생각하지도 말자. 코칭과 심리학을 공부하고 있는 지금이 순간에도 행복해야 하지 않겠는가?

'코칭을 시작하는 처음도 행복하고, 코칭을 진행하는 중간에도 행복하며, 코칭을 마무리할 때도 행복한 방법은 뭘까?'

'코칭을 하는 모든 순간이 행복해질 수 있는 방법은 뭘까?'

이 책을 통해 그 방법을 찾고자 노력했다.

이 책의 출발은 멘토 코칭을 하면서 목격한, 맥락에 맞지 않는 질문 사용에 대한 답답함 해소가 목적이었다. 그 과정에서 심리학이 코칭에 끼친 영향을 잘 알게 됐고, 더 나아가 질문의 배경과 맥락을 알고 나니 코칭이 한결 수월해졌다. 내 코칭이 유연해지고, 코칭의 깊이가 깊어지는 걸 느꼈다. 이 책은 그런 공부 과정에 대한 기록이다.

코칭을 열심히 하고 있는데도 코칭 실력이 잘 늘지 않거나, 코칭의 수준을 한 단계 더 업그레이드하고 싶은 분들에게 이 책이 도움이 되기를 기대한다.

김종명

차례

제1부 • 코칭과 심리학의 만남

제1장 코칭과 심리학이 만나면 어떤 일이 일어날까?

제2장 마음 깊은 곳의 이야기 - 정신역동 코칭

제2부 • 실전 코칭의 주요 질문

코칭과 심리학의 만남

제1장

코칭과 심리학이 만나면
어떤 일이 일어날까?

심리학과 코칭, 같은 길을 걷는 다른 두 여행자

긴 여정을 떠난 두 여행자가 있었다. 한 사람은 '심리학'이라 불렸고, 다른 한 사람은 '코칭'이라 불렸다. 둘은 같은 산을 오르지만, 걷는 길이 달랐다.

과거를 탐색하는 심리학자와 미래를 향하는 코치

어느 마을에서 한 청년이 두 여행자에게 물었다.

"저는 요즘 너무 지치고 혼란스러워요. 어떻게 하면 좋을까요?"

심리학자는 청년을 바라보며 물었다.

"예전에도 이런 느낌이 들 때가 있었니? 예전의 어떤 경험이 지금의 이런 감정에 영향을 미치고 있는지 함께 살펴보기로 할까?"

코치는 청년에게 다른 질문을 했다.

"너는 앞으로 어떤 모습으로 살고 싶니? 지금의 상황을 어떻게 바꾸고 싶어?"

심리학자는 청년의 과거를 통해 원인을 찾으려 했고, 코치는 청년이 앞으로 나아갈 방향을 찾으려 했다.

치유와 성장

두 여행자는 어느 숲속에서 부상을 입은 한 나그네를 만났다. 그는 쓰러진 채 힘없이 말했다.

"저는 걷기가 두려워요. 예전에 크게 다친 적이 있어서요."

심리학자는 부드럽게 다가가 그의 상처를 살폈다.

"과거의 상처가 너를 붙잡고 있구나. 그 상처가 너에게 어떤 의미인지 살펴보자."

코치는 그에게 손을 내밀며 말했다.

"심호흡을 크게 한 번 하고 나서 조심스럽게 한 걸음 내디뎌보는 건 어때? 작은 걸음이라도 말이야."

심리학자는 상처를 치유하는 데 집중했고, 코치는 앞으로 나아갈 용기를 북돋았다.

문제 해결과 가능성 발견

어느 다리 위에서 한 청년이 두 사람에게 고민을 털어놓았다.

"저는 결정을 내리는 게 너무 어려워요. 어디로 가야 할지 모르겠어요."

심리학자가 물었다.

"결정을 할 때마다 항상 그러니? 예전에는 어땠니? 너에게 어떤 무의식적인 패턴이 있는지 함께 살펴볼까?"

코치가 질문했다.

"만약 실패할 걱정을 하지 않는다면, 어떤 선택을 하고 싶니?"

심리학자는 청년이 자신의 무의식적 패턴을 이해하도록 돕고, 코치는 청년이 스스로 선택할 수 있도록 도왔다.

두 여행자는 '인간의 행복 추구'라는 같은 산을 향해 올라가지만, 그들이 걷는 길은 다르다.

심리학자는 과거를 탐색하여 문제의 원인을 찾고, 감정을 다루며 치유를 돕는다.

코치는 현재에서 출발해 미래의 가능성을 발견하고, 성장을 촉진한다.

때로는 심리학이 먼저 길을 닦고, 코칭이 그 길을 따라가기도 한다. 또 어떤 때는 코칭이 먼저 길을 열고, 심리학이 그 길의 안전성을 점검한다.

이들은 비록 다른 길을 걷고 있지만, 같은 목적지를 향해 가고 있다는 점은 변하지 않는다. 그것은 바로 변화와 성장을 통한 인간의 행복이다.

코칭이 심리학을 만나면 어떤 일이 일어날까?

"나는 심리학을 잘 모르는데……."

"코칭 이론을 배우고 체화하기도 버거운데, 또 심리학을 공부하라고?"

"코칭을 하려면 도대체 어디까지 공부해야 하는 거야?"

코치들의 대화에 자주 등장하는 말들이다.

의문이 생겼다.

'코칭을 하려면 반드시 심리학을 알아야 할까?'

'심리학을 모르면 코칭을 하기 어려운가?'

고객이 말했다.

"나는 같은 실수를 반복해요."

코치가 물었다.

"어떻게 다르게 하고 싶은가요?"

코치가 이렇게 묻는다면, 고객은 뭔가 압박받는 느낌이 들 수 있다.

질문을 이렇게 바꿔보자.

"같은 실수를 반복하는 패턴이 예전에는 어땠나요?"

이 질문은 고객으로 하여금 자신의 무의식적 패턴을 인식할 수 있도록 돕는다.

고객이 말했다.

"제 직업을 바꾸고 싶어요."

코치가 물었다.

"직업을 바꾸기 위해 무엇을 준비해야 하나요?"

코치가 이렇게 묻는다면, 고객은 뭔가 흔쾌하지 않다.

질문을 이렇게 바꿔보자.

"직업을 바꾸는 게 고객님의 삶에서 어떤 의미를 가지나요?"

이 질문을 통해 고객은 자신이 진짜로 원하는 게 무엇인지 생각하는 계기가 된다.

고객이 말했다.

"저는 요즘 늘 불안해요."

코치가 물었다.

"주로 어떤 불안을 느끼나요?"

코치가 이렇게 묻는다면, 고객은 뭔가 부족한 느낌이 든다.

질문을 이렇게 바꿔보자.

"지금 몸의 어디에서 그 불안이 느껴지나요?"

이 질문을 통해 고객은 자신의 현재 경험과 감정에 대해 탐색할 수 있는 계기가 된다.

이들 사례에서 '질문을 이렇게 바꿔보자'에 해당하는 부분이 심리학의 영향을 받은 것이다.

코칭이 심리학을 만나면 다음과 같은 질문을 자유롭게 하게 된다.

"어릴 때는 어떤 패턴이 있었나요?"(정신역동 심리학)

"지금 당장 실천할 수 있는 작은 행동은 무엇인가요?"(행동주의 심리학)

"그게 삶에서 어떤 의미를 가지나요?"(인본주의 심리학)

"지금 어떤 감정이 느껴지나요?"(게슈탈트 심리학)

"그 생각의 근거는 무엇인가요?"(인지행동 심리학)

"당신의 어떤 강점을 사용하겠습니까?"(긍정심리학)

이들 심리학 이론을 통해 인간을 더 깊이 이해하게 되면, 코칭 질문이 더욱 깊어지고 더 다양해질 수 있다.

코치들은 어떤 상황을 마주하더라도 그 상황에 적합한 질문을 할 수 있는 능력을 키우기 위해 노력한다. 이러한 노력의 일환으로, 이 책을 통해 코칭과 깊은 관련이 있는 심리학 이론들에 대해 살펴보고자 한다.

이 책에선 코칭에 많은 영향을 미쳤다고 판단되는 다음 6가지 심리학에 대해 살펴볼 것이다.

1. 마음 깊은 곳의 이야기 – 정신역동 심리학

2. 변화는 작은 행동으로 시작된다 – 행동주의 심리학

3. 가슴 뛰는 삶을 살고 싶다 – 인본주의 심리학

4. 지금 이 순간에 집중하라 – 게슈탈트 심리학

5. 생각이 감정을 결정한다 – 인지행동 심리학

6. 강점이 답이다 – 긍정심리학

제2장

마음 깊은 곳의 이야기
– 정신역동 코칭

무의식이 선택을 좌우한다

고객이 말했다.

"왜 저는 항상 저를 무시하는 사람들과 연애를 할까요? 처음엔 좋은 사람인 줄 알았는데, 결국엔 저를 존중하지 않는 사람으로 변해요."

그녀는 자신의 연애 패턴을 바꾸고 싶어 했지만, 왜 이런 일이 반복되는지 알지 못했다.

코치가 물었다.

"이런 감정을 예전에도 느껴본 적이 있나요?"

그녀는 잠시 생각하더니 말했다.

"어릴 때 아버지가 저를 무시하는 말을 많이 했어요. 뭘 해도 부족하다고 했고, 저는 인정받으려고 노력했어요. 그런데 항상 부족하다는 느낌이 들었어요."

코치가 다시 물었다.

"혹시 연애할 때도 그런 느낌을 받나요?"

그녀는 순간 놀란 표정을 지었다.

"맞아요. 저는 상대방에게 인정받고 싶어서 노력하는데, 결국 무시당하는 느낌이 들어요."

그녀는 무의식적으로 익숙한 패턴을 반복하고 있었다.

이런 무의식적인 패턴은 직장, 인간관계, 연애, 심지어 삶의 중요한 선택에서도 반복된다.

정신역동 심리학의 관점 1
'무의식이 선택을 좌우한다.'

정신역동 심리학에 따르면, 우리는 논리적으로 판단하고 행동한다고 생각하지만 실제로는 무의식적인 감정과 경험이 우리를 지배하고 있다.

정신역동 심리학은 '우리의 행동과 감정은 무의식적인 동기와 갈등에서 비롯된다'고 말한다. 즉 우리가 하는 많은 선택이 사실은 과거 경험에서 형성된 무의식적 패턴에 의해 결정된다는 것이다.

감정을 해결하지 못하면 비슷한 패턴을 반복한다

고객이 말했다.

"회사에서 자꾸 저에게만 일이 몰려요. 저는 거절도 못 하고요."

코치가 물었다.

"혹시 이런 경험을 어릴 때도 한 적이 있나요?"

그는 한참 생각하다가 말했다.

"어릴 때 부모님이 많이 다투셨는데, 저는 항상 중재자 역할을 했어요. 부모님이 화해하도록 노력해야 한다고 생각했어요."

코치가 다시 물었다.

"지금 직장에서 하는 역할과 비슷한가요?"

그는 고개를 끄덕였다.

"맞아요. 저는 항상 팀 분위기를 위해 희생하는 역할을 해요. 갈등이 생기면 제가 해결해야 할 거 같아요."

그는 무의식적으로 '내가 희생해야 한다'는 패턴을 직장에서도 반복하고 있었다.

코치는 다음과 같은 질문으로 고객으로 하여금 반복되는 패턴에서 벗어나게 할 수 있다.

'이 패턴이 언제부터 시작된 거 같나요?'

'이 패턴은 과거의 어떤 경험과 연결될까요?'

'이 패턴을 계속 유지하면 어떤 감정을 느끼나요?'

'이 패턴을 바꾼다면 어떤 기분이 들까요?'

반복되는 패턴을 깨닫는 순간, 우리는 더 이상 무의식에 끌려가지 않고 의식적으로 선택할 수 있게 된다.

> 정신역동 심리학의 관점 2
>
> '미완성된 감정을 해결하지 못하면 비슷한 패턴을 무의식적으로 반복한다.'

이 반복은 두 가지 방식으로 나타난다.

- 익숙한 관계를 다시 선택한다.
  - → 과거의 상처를 해결하지 못했을 때, 똑같은 감정을 주는 사람을 다시 만나게 된다.
- 과거와 비슷한 역할을 한다.
  - → 어릴 때 부모를 보살폈던 아이는, 성인이 되어서도 계속 누군가를 돌봐야 한다고 느낀다.

어릴 때의 관계 패턴이 지금의 관계에 영향을 미친다

고객이 말했다.

"저는 상사가 무서워요. 실수하면 혼날까 봐 항상 조심하게 돼요."

코치가 물었다.

"혹시 부모님은 어땠나요?"

고객이 대답했다.

"아버지가 굉장히 엄격했어요. 저는 항상 아버지의 눈치를 봤어요. 실수하면 크게 혼났거든요."

코치가 다시 물었다.

"상사에게 느끼는 감정이 그때 아버지에게 느꼈던 감정과 비슷한가요?"

고객이 대답했다.

"그러고 보니…… 똑같아요. 저는 지금도 상사를 아버지처럼 느끼고 있는 거 같아요."

고객은 자신이 합리적으로 행동한다고 생각했지만, 사실은 무의식적으로 아버지를 대하듯 상사를 대하고 있었다.

이것은 전이(transference)라는 개념이다. 정신역동 심리학에선 과거에 다른 사람과의 관계에서 생긴 감정을 현재의 관계에 투영하는 것을 '전이'라 부른다.

예를 들면 다음과 같다.

• 엄격한 부모 밑에서 자란 사람은 상사에게도 위축된다.
• 항상 인정을 받아야 했던 사람은 직장에서도 인정받으려고 과로한다.
• 비판적인 부모를 둔 사람은 작은 피드백에도 크게 상처받는다.

다음과 같은 질문을 통해 전이에서 벗어나게 할 수 있다.

- 이 감정을 언제 처음 느꼈나요?
- 이 감정은 부모님과의 관계에서는 어떤가요?
- 현재 상사는 정말 아버지처럼 행동하고 있나요?
- 이 감정을 내려놓고 상사를 그냥 상사로 본다면, 무엇이 다르게 보이나요?

정신역동 심리학의 관점 3
'어릴 때 형성된 관계 패턴이 지금의 관계에 영향을 미친다.'

정신역동 심리학에 의하면, 우리는 논리적으로 판단한다고 생각하지만 어릴 때 형성된 부모와의 관계가 직장 상사와의 관계에도 영향을 미친다.

정신역동 심리학과 코칭의 만남

정신역동 심리학은 인간을 다음과 같이 이해한다.

- 무의식: 인간의 행동은 무의식적인 욕망과 충동에 의해 좌우된다고 믿는다. 이들은 인간의 행동과 사고를 이해하기 위해, 무의식적인 동기와 갈등을 탐구한다.
- 초기 경험: 어린 시절의 경험이 성격 형성과 정신 건강에 큰 영향

을 미친다고 믿는다. 현재의 문제나 도전에 영향을 미칠 수 있는 과거 경험과 감정을 탐구한다.

- 방어기제: 불안을 줄이기 위해 무의식적으로 사용하는 심리적 전략(패턴)이 있다. 고객으로 하여금 자신의 무의식적인 패턴이나 반복적으로 나타나는 행동을 인식하도록 돕는다.

정신역동 심리학의 영향을 받아서, 이 이론을 기반으로 코칭을 진행하는 것을 정신역동 코칭이라 부른다.
정신역동 코칭은 다음에 초점을 맞춘다.

- 고객의 무의식을 탐구한다.
  생각, 감정, 행동 패턴을 탐구하여 현재의 문제를 이해하고 해결하는 데 도움을 준다.
- 과거와 현재를 연결한다.
  초기 경험의 탐색을 통해, 고객이 자신의 심리적 과거와 현재의 연결고리를 이해하도록 돕는다.
- 방어기제를 탐색한다.
  고객이 자신의 방어기제와 내면의 갈등을 인식하고, 이를 통해 더 나은 의사결정을 할 수 있도록 지원한다.

정신역동 코칭은 개인의 무의식적 동기, 감정 그리고 내적 갈등이 현재의 행동과 선택에 어떻게 영향을 미치는지 탐구할 때 효과적이다.

정신역동 코칭이 효과적으로 적용될 수 있는 상황은 다음과 같다.

- 반복적인 행동 패턴, 관계 문제, 또는 지속적인 내적 갈등을 경험하고 있을 때
- 감정적으로 민감한 주제(예: 자신감 부족, 실패에 대한 두려움, 관계 문제 등)를 다룰 때
- 무의식적인 갈등이나 감정이 의사결정 및 대인관계에 영향을 미칠 때
- 자신의 신념 체계 또는 내면화된 가정이 현재 목표와 갈등을 일으킨다고 느낄 때
- 과거의 경험(예: 어린 시절의 영향, 중요한 실패 경험 등)이 현재의 결정과 행동에 영향을 미친다고 느낄 때

사례 1. 직장 상사와의 관계

- 개요: 고객은 상사와의 관계에서 긴장감을 느끼며 상사의 평가에 과도하게 신경을 쓴다.
- 코칭 방법: 고객의 과거 경험이 현재 상사와의 관계에 어떤 영향을 미치고 있는지 탐구한다.
- 대화 예시

  코치 상사와의 관계에서 긴장을 많이 느끼고 있군요.

  고객 예, 그런 거 같아요. 상사에게 인정받고 싶은데 그러지 못할

까 봐 늘 불안해요.

코치 과거에 이와 비슷한 경험을 한 적이 있나요?

고객 어릴 때 아버지가 항상 권위적이셨어요. 아버지의 기대에 부응하려고 항상 긴장했던 게 영향을 미치고 있는 거 같습니다.

코치 어릴 때 아버지와의 관계가 지금 상사와의 관계에 어떤 영향을 미치고 있다고 생각하나요?

사례 2. 연애 관계에서 반복되는 패턴

- 개요: 고객은 반복적으로 같은 유형의 사람과 연애를 하고, 그 관계가 매번 비슷한 방식으로 끝난다고 느낀다.
- 코칭 방법: 어린 시절에 관계를 맺던 방식이 현재 연애 관계에 어떤 영향을 미치는지 탐구한다.
- 대화 예시

  코치 연애 관계가 항상 같은 방식으로 끝난다고 말씀하셨죠. 어떤 공통점이 있는 거 같나요?

  고객 제가 연애한 사람들은 항상 상대방이 먼저 저를 떠나요.

  코치 어린 시절에 이와 유사한 경험이 있었나요?

  고객 어머니가 어릴 때 자주 저를 떠나 있었어요. 그때부터 사람들과의 관계가 어려웠던 거 같아요.

사례 3. 리더십에서의 과잉 통제

- 개요: 고객은 팀을 관리할 때 모든 걸 자신이 직접 통제하려는 강한 욕구를 가지고 있다.
- 코칭 방법: 과거 경험을 통해 원인을 찾도록 돕는다.
- 대화 예시

    코치 모든 걸 자신이 직접 통제해야 한다고 생각하는군요?

    고객 저는 책임을 맡으면 모든 게 저의 통제 아래 있어야 한다고 생각해요.

    코치 과거에도 이런 방식으로 행동했던 경험이 있나요?

    고객 어릴 때 제가 동생들을 돌봐야 했어요. 그때부터 책임감이 컸던 거 같아요.

이들은 주로 다음과 같이 질문한다.

- 이 주제와 관련하여, 과거에 어떤 비슷한 경험이 있었나요?
- 예전의 유사한 경험은 무엇인가요?
- 지금 느끼고 있는 감정이 과거의 어떤 사건과 연결되어 있나요?
- 과거에 해결되지 않은 어떤 문제가 이 상황에서 작용하고 있나요?
- 어린 시절에 어떤 일이 있었나요?
- 과거에 이와 유사한 패턴을 경험한 적이 있나요?
- 혹시 억압하고 있는 감정이 있나요?

- 충족되지 않은 욕구는 무엇인가요?
- 이 문제에 대해 무의식적으로 어떤 생각을 하고 있을까요?
- 이런 무의식이 삶의 다른 부분에 어떤 영향을 미치고 있나요?

정신역동 심리학에 기반한 코치들은 무의식에 존재하는 갈등과 욕구가 인간의 행동을 결정한다고 믿는다.

이들은 고객으로 하여금, 과거 경험, 특히 어린 시절의 경험이 현재의 행동과 감정에 어떻게 영향을 미치고 있는지 인식하도록 돕는다.

이들은 질문을 통해, 고객으로 하여금 과거 경험에서 비롯된 무의식적 신념을 인식하도록 하고, 이를 바탕으로 더 나은 의사결정을 할 수 있도록 지원한다.

정신역동 코칭 대화 예시

코치   오늘 어떤 이야기를 해볼까요?

고객   제가 직장에서 대인관계에 어려움을 겪고 있는데, 어떻게 하면 대인관계를 잘 할 수 있는지에 대해 이야기해보고 싶습니다.

코치   대인관계를 잘하고 싶다고 하셨는데, 이 주제를 가져오신 특별한 계기가 있나요?

고객   얼마 전에 상사에게 동료 팀장들과 싸우지 말고, 좀 사이좋게 일하라는 피드백을 받았습니다. 그 말을 듣고 좀 억울했습니다.

코치 그런 피드백을 받았다면 억울했겠네요. 조금 자세하게 말씀해주세요.

고객 저는 팀원들과는 관계가 좋은데, 다른 팀장들과는 경쟁 관계에 있다 보니, 일을 할 때 자주 목소리가 높아집니다. 지금 생각해보니, 이런 모습을 목격한 상사에겐 제가 싸우는 걸로 보였을 수도 있겠네요.

코치 그럴 수도 있겠군요. 예전에도 이와 비슷한 경험이 있었나요?

고객 저는 아랫사람들에겐 대체로 인기가 좋은 편이지만, 경쟁 관계에 있는 사람들과는 별로 관계가 좋지 않은 거 같아요.

코치 직장 생활을 오래 하셨는데, 이런 패턴이 반복된다고 느끼나요?

고객 예, 그런 거 같습니다. 저는 부하 직원들은 제가 잘 보호해야 하고, 동료들에겐 이겨야 한다고 생각하는 거 같습니다.

코치 어린 시절엔 어땠나요?

고객 생각해보니 어린 시절에도 비슷했던 거 같아요. 동생들에겐 잘해주면서도, 저와 경쟁 관계에 있던 친구들에겐 꼭 이겨야 직성이 풀렸던 거 같습니다.

코치 아랫사람에겐 잘해주고, 동료에겐 경쟁심을 느끼는 이런 패턴들이 고객님에게 있다는 걸 알게 되니까, 어떤 감정이 드나요?

고객 (잠시 생각에 잠긴다.) 음…… 불편하고, 화가 나기도 합니다. 내가 왜 이렇게 편협한지 잘 모르겠네요.

코치 불편하고, 화도 나고, 스스로 편협하다고 느끼시는군요. 그런 감정의 이면에는 어떤 욕구가 있는 걸까요?

고객 음…… 인정받고 싶은 욕구가 있는 거 같아요. 가만히 생각해 보면, 인정받고 싶은 욕구가 너무 강한 나머지 그게 경쟁심으로 나타나는 거 같아요. 생각해보니, 인정받고 싶은 욕구와 경쟁심이 충돌하는 거 같네요.

코치 와우!!! 멋진 표현이네요! 인정받고 싶은 욕구와 경쟁심이 충돌한다……. 그런 충돌이 고객님의 삶에 어떤 영향을 미치고 있나요?

고객 음…… 조금 혼란스럽네요. 뭔가 나쁜 영향을 미치고 있겠다는 생각이 들긴 하는데 당장 말로 설명하기가 복잡하네요…….

코치 예, 좋습니다. 그러시면 거기에 대해선 나중에 생각이 정리되면 말씀해주시겠어요?

고객 예, 그러겠습니다.

코치 인정받고 싶은 욕구와 경쟁심이 충돌하는 이런 패턴이 언제부터 그랬나요?

고객 음…… 어릴 때 아버지가 절대 경쟁에서 지면 안 된다고 강조했던 게 기억납니다. 아버지는 심지어 형제들 사이에서도 경쟁을 유도했습니다. 그때부터 저는 경쟁에서 지면 안 된다는 생각을 가지게 된 거 같아요.

코치 아버지로부터 들었던 그런 말들이 무의식에 저장되어, 지금의 대인관계에까지 영향을 미치고 있는 거군요.

고객 지금 코치님과 대화를 나누다 보니 그런 거 같네요…….

코치 지금 말하면서 어떤 감정이 드나요?

고객 마음이 조금 복잡하네요……. 코치님, 이런 갈등이 저의 무의식에 저장되어 있는 거라면, 이건 안 고쳐지는 걸까요?

코치 고치고 싶은데, 혹시 고쳐지지 않으면 어쩌지? 하고 염려가되나 봐요?

고객 예, 그런 거 같아요.

코치 어떻게 고치고 싶으세요?

고객 후배들에게 잘해주는 건 계속 잘해주고, 동료들에겐 불필요한 경쟁심은 내려놓고, 서로 좋은 관계를 맺으면서 일하고 싶어요.

코치 후배와 동료, 모두와 좋은 관계를 맺으면서 일하고 싶은 거군요.

고객 그렇습니다.

코치 그렇게 되고 싶은데, 무의식에 저장되어 있는 패턴이 나쁜 영향을 미칠까 염려가 되는 거고요.

고객 그렇습니다.

코치 후배들과 좋은 관계를 유지하면서도 동료들과는 경쟁이 아닌 협력적인 관계를 맺고 싶다고 하셨는데, 이 변화가 일어난다면 어떤 모습일지 상상해보시겠어요?

코칭이 심리학을 만났을 때

고객 음…… 그렇다면 아마도 더 편안한 마음으로 일할 수 있을 거 같아요. 동료들과도 더 깊이 소통할 수 있을 거 같고, 뭔가를 증명해야 한다는 부담에서 벗어날 수도 있을 거 같네요.

코치 그 변화된 모습을 상상할 때, 가장 마음에 와닿는 감정은 무엇인가요?

고객 안도감이 들고, 내가 한층 더 성장한 느낌이 드네요. 지금보다 더 성숙해진 나를 볼 수 있을 거 같아요.

코치 그럼 그 성숙한 모습을 향해 나아가기 위해, 자신에게 어떤 조언을 해주고 싶은가요?

고객 음…… '너 자신을 좀 더 믿어도 된다'고 말해주고 싶어요. 꼭 경쟁에서 이기는 것만이 인정받는 방법은 아니라고요…….

코치 아주 중요한 통찰을 얻으셨네요. 오늘 대화를 통해 무엇을 느끼셨나요?

고객 지금까지 무의식적으로 행동했던 저의 패턴을 인식하게 됐고, 그게 나에게 어떤 영향을 미치는지 깨달았다는 게 큰 수확인 거 같아요.

코치 그러시군요. 앞으로 더 건강한 관계를 형성할 수 있는 첫걸음을 떼신 거 같군요.

제3장

변화는 작은 행동으로 시작된다
– 행동주의 코칭

변화는 작은 행동으로 시작된다

고객은 발표하는 게 너무 두려웠다.

"저는 사람들 앞에 서는 게 너무 떨려서 발표를 제대로 해본 적이 없어요."

코치가 물었다.

"발표 연습은 어떻게 하고 있나요?"

고객이 말했다.

"가끔씩 혼자 중얼거리면서 연습을 하긴 하는데, 본격적인 연습은 안 하는 거 같아요."

코치가 제안했다.

"일단 가족이나 친구 등 편안한 사람 한 명 앞에서 발표 연습을 한번 해보면 어떨까요?"

고객은 망설였지만, 가족 앞에서 발표 연습을 했다.

그리고 일주일 후 고객이 말했다.

"생각보다 괜찮았어요. 이제는 작은 그룹에서 시도해볼 수 있을 거 같아요."

이처럼 '혼자 연습 → 가족 앞에서 발표 → 작은 그룹에서 발표 → 공식적인 자리에서 발표'.

이런 점진적인 스몰 스텝을 밟으면, 행동 변화가 자연스럽게 이루어진다.

행동주의 심리학의 관점 1

'변화는 작은 행동으로 시작된다.'

이들은 '스몰 스텝(small step)' 질문법으로 행동을 이끌어낸다.

'발표를 잘하려면 어떻게 해야 하지?' → '발표와 관련해서, 쉽게 시도해볼 수 있는 작은 행동은 뭘까?'

'어떻게 운동 습관을 만들지?' → '지금 당장 할 수 있는 작은 행동은 뭘까?'

'어떻게 책을 완성하지?' → '어떻게 하면 오늘 한 문장이라도 쓸 수 있을까?'

행동주의 심리학은, 변화는 거창한 목표에서 시작되는 게 아니라 작은 행동에서 시작된다고 믿는다.

학습된 행동은 반복된다

고객이 말했다.

"요즘 항상 야근을 해요. 일을 미리 하면 되는데 자꾸 미루다가 결국 밤늦게까지 하게 돼요."

코치가 물었다.

"혹시 예전에 미리 했던 적도 있었나요?"

고객이 대답했다.

"예. 예전엔 미리 일을 마무리했는데 그럴 때마다 상사가 일을 더 많이 주더라고요. 그 이후로, 일을 빨리 하면 더 많이 시킨다는 걸 알게 돼서 미루는 습관이 생긴 거 같아요."

코치가 다시 물었다.

"그래서 일부러 천천히 하게 된 건가요?"

고객이 대답했다.

"그런 거 같아요. 그런데, 그렇게 하니까 몸이 너무 힘들어요."

고객은 무의식적으로 '미리 하면 손해 본다'는 학습된 경험에 따라 행동하고 있었다.

코치는 다음과 같은 질문으로 새로운 행동을 선택하도록 돕는다.

코칭이 심리학을 만났을 때

- 이 행동을 계속하면 어떤 결과가 생길까요?
- 다른 방식으로 해본다면 어떤 변화가 있을까요?
- 작은 변화부터 시도해본다면 뭐가 있을까요?

패턴을 인식하고, 작은 행동부터 바꾸면 습관이 달라진다.

> 행동주의 심리학의 관점 2
>
> '학습을 통해 강화된 행동은 반복된다.'

행동주의 심리학에선 보상이나 결과에 의해 행동이 강화된다고 본다.
- 칭찬받은 행동은 계속하게 된다.
- 혼난 행동은 피하게 된다.
- 편한 길을 경험하면 계속 그 길로 간다.

이런 강화 경험이 현재의 행동 패턴을 만든다.

코칭에선 불필요한 강화 패턴을 끊고, 새로운 행동에 대한 긍정적인 경험(보상)을 제공하여 습관을 변화시킨다.

보상이 행동을 강화한다

고객이 말했다.

"직원들이 자발적으로 일했으면 좋겠어요. 제가 잔소리를 해야만 움직이니까 너무 힘들어요."

코치가 물었다.

"최근에 직원들이 자발적으로 일했던 적이 있었나요?"

고객이 대답했다.

"지난번 작업 마감일에 한 직원이 자발적으로 야근을 해서 작업을 잘 마무리한 적이 있습니다. 그때 너무 고마워서 칭찬도 해주고 피자도 시켜줬습니다."

코치가 다시 물었다.

"그 직원은 그 이후에 어떻게 일하고 있나요?"

고객이 대답했다.

"맞아요. 그 후로 그 직원은 제가 말 안 해도 자기가 알아서 먼저 챙기는 거 같아요."

고객은 '보상이 행동을 강화한다'는 경험을 했다.

행동주의 심리학의 관점 3
'보상이 행동을 강화한다.'

행동주의 심리학은 '보상 강화'가 행동 지속의 핵심이라고 본다.

- 칭찬받은 행동 → 계속하게 된다
- 무시당한 행동 → 사라진다
- 보상받은 행동 → 더 자주 나타난다

코칭에선 긍정적인 행동에 즉각적인 칭찬과 보상을 주어, 자발적인 행동이 습관이 되도록 강화한다.

행동주의 심리학과 코칭의 만남

행동주의 심리학은 다음과 같이 주장한다.

- 관찰 가능한 행동: 학문은 과학적으로 측정 가능해야 한다고 주장한다. 심리학도 측정 불가능한 무의식을 탐구할 게 아니라, 측정 가능한 행동을 연구 대상으로 삼아야 한다고 주장한다.
- 환경 결정론: 인간의 행동은 경험과 환경에 의해 형성된다고 주장한다. 행동은 환경적 자극에 대한 반응의 결과라고 믿는다.
- 보상과 처벌: 보상에 의해 특정 행동이 반복되고, 처벌을 통해 특정 행동이 감소한다고 믿는다.

행동주의 심리학의 영향을 받아서, 이 이론을 기반으로 코칭을 진행하는 걸 행동주의 코칭이라 부른다.
행동주의 코칭은 다음에 초점을 맞춘다.

- 구체적인 행동 목표를 설정한다.
- 측정 가능하고 달성 가능한 행동 목표를 수립한다.
- 행동을 분석한다.
  고객의 현재 행동을 분석하고, 어떤 행동이 목표 달성에 도움이 되고 어떤 행동이 방해가 되는지 분석한다.
- 강화 기법을 사용한다.

긍정적 강화(보상)와 부정적 강화(제거)를 통해 원하는 행동을 강화하고 바람직하지 않은 행동을 감소시킨다.

행동주의 코칭은 관찰 가능한 행동의 변화와 성과 개선에 중점을 둔다. 명확한 목표 설정, 행동 수정 그리고 강화와 같은 원리를 활용하여 구체적인 행동 변화를 돕는다.
행동주의 코칭이 효과적으로 적용될 수 있는 상황은 다음과 같다.

- 특정 행동(예: 시간 관리, 업무 수행 방식, 건강한 생활 습관 등)에 대해 구체적인 행동 변화가 필요할 때
- 단기적으로 구체적인 결과를 달성해야 하는 경우(예: 프레젠테이션 능력 향상, 시험 준비, 특정 프로젝트 달성)
- 특정 기술(예: 협상 기술, 의사소통 기술)을 배우고 실행해야 할 때
- 고객이 명확한 구조와 체계적인 접근 방식을 선호하고, 구체적인 결과를 원할 때

사례 1. 시간 관리 개선

- 개요: 고객은 업무 효율이 떨어지는 문제를 가지고 있으며, 시간 관리에 어려움을 겪고 있다.
- 코칭 방법: 시간 관리 목표를 설정하고, 이를 달성할 때마다 보상을 제공하는 체계를 구축한다.

- 대화 예시

  코치 시간 관리를 더 잘하기 위해 어떻게 하겠습니까?

  고객 시간 관리 일정을 더 세부적으로 나누어보겠습니다.

  코치 일정을 잘 지켰을 때 스스로에게 어떤 보상을 해주면 좋을까요?

  고객 일주일 동안 잘 지키면 영화를 한 편 보는 걸로 보상할게요.

사례 2. 체중 감량 목표 달성

- 개요: 고객은 체중 감량을 원하지만 꾸준하게 운동하지 못하고 있다.
- 코칭 방법: 작은 것부터 시작하는 스몰 스텝 방식으로, 꾸준히 운동할 수 있게 하는 방법을 탐구했다.
- 대화 예시

  코치 지금 당장 시작할 수 있는 아주 작은 행동이 있다면 뭘까요?

  고객 일단 식사를 하고 나면 반드시 30분 동안 산책을 하면 좋을 거 같아요.

  코치 언제부터 시작할 예정입니까?

  고객 내일부터 당장 시작하려고 합니다.

사례 3. 직장 내 발표 능력 향상

- 개요: 고객은 직장에서 발표할 때마다 긴장하고 자신감을 잃는다.
- 코칭 방법: 작은 규모의 사람들에게 발표하는 것부터 연습해서 차츰 범위를 넓혀가는 방식으로 발표 능력을 강화하는 방법을 모색했다.
- 대화 예시

  코치 발표 연습을 어떤 식으로 하고 있나요?

  고객 거의 연습을 못 하고 있습니다.

  코치 그럼 가족이나 친한 친구 등 아주 마음이 편한 사람을 대상으로 발표 연습을 해보는 건 어떨까요?

  고객 예. 마음 편한 동기가 있는데, 그 동기 앞에서 연습을 한번 해보겠습니다.

이들은 주로 다음과 같이 질문한다.

- 성취하고자 하는 구체적인 목표가 무엇인가요?
- 목표를 달성하기 위해 구체적으로 어떤 행동을 하고 있나요?
- 그 행동이 어떤 결과를 가져왔나요?
- 그 행동이 목표 달성에 얼마나 효과적이었나요?
- 다른 새로운 방법이 있다면, 무엇일까요?
- 어떤 새로운 시도를 해보겠습니까?

- 어떤 장애물이 목표 달성을 방해하고 있나요?
- 그 장애물을 극복하기 위해 어떻게 하겠습니까?
- 지금 당장 실천할 수 있는 작은 행동은 무엇인가요?
- 무엇을 실천하겠습니까?

행동주의 심리학에 기반한 코치들은 인간의 행동은 학습된 것이며, 외부 환경의 자극과 반응을 통해 형성된다고 믿는다.

이들은 관찰 가능한 행동에 초점을 맞춘다. 구체적인 행동 계획을 수립하고, 이를 달성하기 위한 보상이나 강화 시스템을 활용하여 행동 변화를 촉진한다.

행동주의 코칭 대화 예시

코치   오늘 어떤 이야기를 해볼까요?

고객   제가 다이어트를 여러 번 시도했는데 번번이 실패했습니다. 이번엔 꼭 성공하고 싶습니다. 어떻게 하면 다이어트에 성공할 수 있는지에 대해 이야기해보고 싶습니다.

코치   다이어트를 여러 번 실패했는데, 이번엔 꼭 성공하고 싶다는 말씀이군요.

고객   그렇습니다. 이번엔 꼭 성공하고 싶습니다.

코치   다이어트를 하는 게 고객님에겐 어떤 의미인가요?

고객 살이 찌고 몸이 무거우면 생활하는 데 불편하기도 하고, 다른 사람들 보기에 좋지도 않아서 대인관계에 자신감도 떨어집니다. 제가 원하는 수준만큼 살을 뺄 수 있다면, 삶의 질도 높아지고 대인관계에 자신감도 생길 거 같아요.

코치 다이어트는 고객님에게 삶의 질을 높이는 거고, 또한 대인관계에서 자신감이 생기게 하는 거군요.

고객 예, 그렇습니다.

코치 그런 정도가 되려면 다이어트 목표를 얼마쯤 해야 할까요?

고객 지금보다 10kg은 빼야 될 거 같습니다.

코치 언제까지 10kg을 빼고 싶은 건가요?

고객 일단 6개월 이내에 10kg을 빼고, 그 이후엔 계속 그 몸무게를 유지하는 게 목표입니다.

코치 6개월 이내에 10kg을 뺀 고객님의 모습을 한번 상상해보시겠어요? 어떤 모습인가요?

고객 신나요. 몸이 날아갈 거 같아요. 그리고 자신감도 충만해요. 정말 그렇게 되고 싶어요.

코치 신나고, 몸이 날아갈 거 같고, 자신감도 충만하군요. 그 모습을 은유나 이미지로 말해보실래요?

고객 음…… 날렵한 제비 같아요. 몸이 새처럼 가벼워요~~.

코치 날렵한 제비…… 몸이 새처럼 가벼운……. 그 모습을 상상하면 몸에서 뭐가 느껴지나요?

고객 몸에서 엔돌핀이 샘솟아요…….

코치 그렇게 되면 누구의 축하를 받고 싶나요?

고객 아들이 저를 뚱땡이라고 놀리는데, 아들의 축하를 제일 먼저 받고 싶어요.

코치 아들에게 어떤 이야기를 듣고 싶나요?

고객 (울음을 터뜨린다.)

코치 (고객이 우는 동안 기다린다.)

고객 코치님, 사실은 제 아들이 엄청 비만이거든요. 제 아들이 비만이 된 게 저 때문인 거 같아서 정말 속이 상해요. 제가 퇴근 후에 출출하다고 야식을 먹는 습관이 있는데, 그때마다 아들이 같이 먹거든요. 아들은 먹성이 좋아서 저보다 훨씬 많이 먹으니까 살도 훨씬 더 많이 찌는 거 같아요. 그런 일상이 계속되다 보니 저와 아들이 함께 뚱땡이가 돼버렸어요. 너무 속상해요.

코치 아들에게 미안한 마음이 있으시군요. 번번이 다이어트에 실패했다고 하셨는데, 이유가 뭐라고 생각하나요?

고객 야식 습관이 제일 큰 문제인 거 같아요. 아들이랑 함께 야식을 먹는 게 정말 행복하거든요.

코치 야식을 먹는 게 행복이면서 동시에 다이어트 실패의 원인이라는 말씀인가요?

고객 핑계인 거 같지만, 퇴근 후에 야식을 먹으면서 아들과 이런저런 대화를 나누는 게 저에겐 일상의 소소한 행복이거든요.

코치 그러시군요. 아들과 대화하는 행복을 누리면서도, 다이어트에 방해가 되지 않는 다른 방법은 뭐가 있을까요?

고객 아들과 가볍게 산책을 하면서 대화를 나누고……. 코치님, 갑자기 생각이 났는데요, 제 지인 중에서 바디프로필을 찍는다고 주위에 공개 선언을 하고 나서, 그걸 지키기 위해 피나는 노력을 하고 결국 성공한 사람을 봤습니다.

코치 와우! 바디프로필 찍는다고 주위에 공개 선언을 하는군요……. 그 방법이 고객님에겐 어떨 거 같은가요?

고객 제가 용기가 없어서 말은 못 꺼냈지만 저도 정말 바디프로필을 찍고 싶거든요. 생각만 해도 짜릿해요…….

코치 생각만 해도 짜릿한데, 고객님을 망설이게 하는 게 뭔가요?

고객 저는 약속한 건 목숨을 걸고 지키는 스타일인데, 주변 사람들에게 공개 선언을 해버리면, 목숨을 걸고 다이어트를 해야 하잖아요? 그게 두려운 거죠…….

코치 목숨을 건 다이어트라……. 비장하게 들리네요. 그게 성공하면 스스로에게 어떤 보상을 해주시겠어요?

고객 스스로에게 보상이요? 와~ 살 빼고 나면 입고 싶은 옷들이 너무 많아요. 그 옷들을 사서 입는 거 자체가 보상이 될 거 같아요. 삶 자체가 보상이 되는 거죠!

코치 와우! 삶 자체가 보상이 되는군요. 멋지네요! 그러면 아들에겐 어떤 게 보상이 될 수 있을까요?

고객 코치님, 그건 말할 필요도 없어요. 아들이 지금 너무 뚱뚱해서 여자들에게 인기도 없고 여자 친구도 없거든요. 멋진 몸매를 가지게 되면 멋진 여자 친구를 사귈 수도 있으니, 아들에겐 저보다 더 큰 동기부여가 될 거 같네요.

코치 고객님과 아들 모두에게 큰 동기부여가 될 수 있군요. 그러면 구체적으로 어떻게 시작하겠습니까?

고객 일단 주변에 6개월 후에 아들과 함께 바디프로필을 찍는다고 공개 선언을 해야지요.

코치 엄마와 아들이 함께 바디프로필을 찍는다고 공개 선언을 하는군요. 멋지네요! 그럼 공개 선언을 하는 데 예상되는 어려움은 뭔가요?

고객 일단은 아들을 설득하는 게 제일 큰 장애물이겠지요······. 아들이 안 하겠다고 버티면 저도 어쩔 도리가 없어서······.

코치 아들을 설득하는 게 제일 큰 장애물이라고 하셨는데, 그 문제를 어떻게 해결할 수 있을까요?

고객 음······ 아들에게 정말 진지하게 제 마음을 털어놓고, 우리가 함께 건강한 몸을 만드는 게 얼마나 중요한지 이야기해보려고요. 그리고 만약 우리가 성공하면 함께 멋진 사진을 찍을 수 있다는 것도 말해보려고 합니다.

코치 아주 좋네요. 엄마와 아들이 함께 목표를 세우고, 구체적으로 행동으로 옮기는 모습을 상상하셨군요. 그러면 이 목표를 달성하기 위해 첫 번째로 실천할 수 있는 행동은 무엇일까요?

고객 우선 오늘 저녁에 아들과 대화를 나눠야겠어요. 그리고 그 대화를 통해 바디프로필 목표를 함께 세우는 것부터 시작해야겠죠.

코치 그렇군요. 그 대화를 나누고, 구체적인 날짜와 계획을 세우면 어떤 느낌이 들까요?

고객 아들과 함께 같은 목표를 향해 나아가고 있다는 생각에 정말 뿌듯할 거 같아요. 그리고 서로에게 동기부여가 되면서 더 열심히 할 수 있을 거 같아요.

코치 함께 목표를 향해 나아갈 때 동기부여가 될 수 있다는 점이 정말 중요한 거 같습니다. 만약 이번 주에 아들과 대화가 잘되고, 실천 계획이 세워진다면 다음 주에는 어떤 행동을 추가로 시작하겠습니까?

고객 대화가 잘되면 바로 주말부터 운동을 같이 시작할 생각이에요. 그리고 야식 대신 산책을 하면서 대화를 나누는 새로운 습관을 만들어보려고요.

코치 구체적인 계획을 세우고 행동으로 옮기겠다는 다짐이 인상적입니다. 오늘 대화를 통해 무엇을 느꼈나요?

고객 제가 이번엔 정말 행동으로 옮겨야 한다는 걸 다시 한번 다짐했어요. 그동안 실패했던 이유는 결국 구체적인 행동 계획을 세우지 않았기 때문인 거 같아요. 이번엔 잘 실천할 수 있을 거 같아요. 머릿속으로만 생각하는 게 아니라, 구체적인 계획을 세워서 실천하는 게 중요하다는 걸 다시 한번 깨달았습니다.

코치 훌륭한 성찰이네요. 이번 대화를 통해 실천할 수 있는 구체적인 행동들을 명확하게 정했는데, 그 행동들이 고객님의 목표 달성에 도움이 됐으면 좋겠습니다.

┌─────────────────────────────────────┐

제4장
─────

가슴 뛰는 삶을 살고 싶다
– 인본주의 코칭

└─────────────────────────────────────┘

모든 경험은 가치가 있다

고객이 말했다.

"요즘 제 일이 너무 하찮게 느껴져요. 친구들은 다 좋은 회사에서 인정받고 성장하는 거 같은데, 저는 작은 동네 서점에서 일하면서 무의미하게 하루를 보내는 거 같아요."

코치가 물었다.

"혹시 그 서점에서 일하면서 기뻤던 순간은 언제였나요?"

고객이 대답했다.

"어떤 손님이 제가 추천한 책을 읽고 너무 좋았다면서 다시 찾아오셨을 때 정말 기뻤습니다. 그때 제가 다른 사람들에게 작은 힘이 될 수도 있구나 싶었어요."

코치가 다시 물었다.

"그 경험이 고객님에게 주는 의미는 뭘까요?"

고객이 대답했다.

"제가 누군가에게 진심으로 도움이 됐다는 거요. 그게 저에겐 커다란 의미였어요."

인본주의 심리학의 관점 1
'모든 경험은 가치가 있다.'

인본주의 심리학은 모든 사람은 각자의 고유한 경험과 가치가 있으며 존중받아야 한다고 믿는다. 우리는 모두 자신의 고유한 삶을 살고 있으며 이는 서로 비교할 수 있는 가치가 아니라 모두 존중돼야 하는 가치라고 주장한다.

가슴 뛰는 삶을 살고 싶다

고객이 말했다.

"지금 회사에서 인정받고 있고, 남들이 보기엔 성공한 거 같아요. 그런데…… 제가 점점 무뎌지는 거 같아요. 뭔가 중요한 걸 놓치고 있다는 느낌이에요."

코치가 물었다.

"그 중요한 게 뭔지, 혹시 떠오르는 게 있나요?"

고객이 대답했다.

"사실 저는 글을 쓰는 걸 좋아했어요. 대학 때도 소설 공모전에 나가 곤 했는데…… 취업 준비하면서 다 내려놨거든요. 그땐 그게 꿈이었는데."

코치가 다시 물었다.

"그때의 꿈을 다시 생각해보면, 어떤 기분이 드나요?"

고객이 대답했다.

"가슴이 뛰어요. 정말…… 내가 살아 있다는 느낌이에요."

인본주의 심리학의 관점 2
'자아실현이란 가슴이 뛰는 삶을 살아가는 것이다.'

인본주의 심리학에서 자아실현이란, 자기 안에 잠재된 가능성을 찾고, 그걸 표현하며, 자기답게 살아가는 걸 말한다. 남들의 기준에서 살아가는 게 아니라, 자기가 살고 싶은 삶, 가슴이 뛰는 삶을 살아가는 게 자아실현이다.

내 삶은 내가 선택한다

고객이 말했다.

"회사에서 시키는 일만 하다 보니까 제 삶이 통제당하는 거 같아요. 그런데 회사를 그만두는 건 너무 두려워요."

코치가 물었다.

"만약 모든 선택이 자유롭다면 어떤 삶을 살고 싶나요?"

고객이 대답했다.

"작은 카페를 운영하면서 제가 좋아하는 책을 읽고 사람들과 이야기하며 살고 싶어요."

코치가 다시 물었다.

"당장 퇴사하지 않더라도 그런 삶을 살 수 있는 방법은 뭘까요?"

고객이 대답했다.

"주말에 작은 독서 모임부터 시작해볼 수 있겠네요."

고객은 '전부가 아니면 아무것도 아닌 것'이 아니라, 작은 선택으로도 자신의 삶을 바꿀 수 있다는 걸 깨달았다.

> 인본주의 심리학의 관점 3
> '우리는 스스로 삶을 선택할 수 있다.'

인본주의 심리학은 인간은 스스로 자신의 삶을 선택할 수 있다고 믿는다. 완벽한 자유가 아니더라도 작은 자유부터 시작할 수 있으며,

인간은 스스로 선택하는 주체가 될 때 삶이 달라진다고 주장한다.

인본주의 심리학과 코칭의 만남

인본주의 심리학은 인간을 다음과 같이 이해한다.

- 통합된 존재: 인간을 감정, 사고, 행동, 관계 등 다양한 차원에서 통합된 존재로 본다.
- 자아실현: 인간은 자신의 잠재력을 실현하려는 내적 동기를 가진 존재다.
- 자유의지와 선택: 인간은 스스로 선택할 수 있는 자율적 존재다. 그러므로 판단이나 비판 없이 고객을 있는 그대로 받아들이고 존중해야 한다고 주장한다.

인본주의 심리학의 영향을 받아서, 이 이론을 기반으로 코칭을 진행하는 걸 인본주의 코칭이라 부른다.
인본주의 코칭은 다음에 초점을 맞춘다.

- 전체적으로 접근한다.
  고객의 전체적 삶을 고려하여 다양한 측면에서 균형 잡힌 발전을 도모한다. 고객의 신체적, 정신적, 감정적, 사회적 측면을 모두 포함한다.

- 자아실현을 추구한다.

  고객이 자신의 가치, 신념, 욕구를 깊이 탐색하고 잠재력을 최대한 발휘하여 자아실현을 이룰 수 있도록 돕는다. 고객의 성장과 발전을 중요하게 여긴다.

- 개인의 자율성을 존중한다.

  고객의 자율성과 독립성을 존중하며, 고객이 스스로 자신의 목표를 설정하고, 그 목표를 향해 스스로 나아갈 수 있도록 지원한다.

인본주의 코칭은 고객의 잠재력, 자아실현, 성장에 초점을 맞추며 인간의 내적 가치와 고유성을 존중하는 철학을 기반으로 한다.
인본주의 코칭이 효과적으로 적용될 수 있는 상황은 다음과 같다.

- 삶의 목적과 의미를 찾고자 할 때
- 잠재력을 발휘하며 더 높은 수준의 성취를 추구할 때
- 자신의 삶에 대해 주도권을 갖고 싶어 할 때
- 새로운 목표나 삶의 변화를 계획하고 현재의 삶에서 벗어나 더 충만한 삶을 설계하고자 할 때

사례 1. 삶의 목적 재발견

- 개요: 고객은 삶의 방향을 잃었다고 느끼며 무엇을 위해 사는지

고민하고 있다.

- 코칭 방법: 고객이 진정으로 원하는 삶의 목적을 탐구하고 자아 실현을 위한 새로운 목표를 설정하도록 돕는다.
- 대화 예시

  코치 고객님의 삶에서 가장 중요한 목적은 무엇인가요?

  고객 저는 의미 있는 일을 하면서 살고 싶어요.

  코치 의미 있는 일을 하고 있는 자신의 모습을 상상해보실래요? 어떤 모습인가요? 무엇을 하고 있나요?

사례 2. 자기 가치 확립

- 개요: 고객은 타인의 기대에 맞추어 살아온 탓에 자신의 가치관을 잃었다고 느끼고 있다.
- 코칭 방법: 고객이 자신의 가치를 재발견하고, 그걸 바탕으로 새로운 삶의 방향을 설정하도록 돕는다.
- 대화 예시

  코치 이 상황에서 고객님의 가치와 일치하는 선택은 무엇일까요?

  고객 제가 진정으로 원하는 일을 해야 한다고 생각해요.

  코치 진정으로 원하는 일을 하고 있는 고객님의 모습을 은유나 이미지로 표현해보실래요?

사례 3. 자신감 회복

- 개요: 고객은 최근의 실패로 인해 자신감을 잃었다.
- 코칭 방법: 고객으로 하여금 자신의 잠재력과 가능성을 인식하여 자신감을 회복하게 돕는다.
- 대화 예시

  코치 최근 실패로 인해 자신감을 잃었다고 했는데, 예전에 성공했던 경험을 떠올려보실래요?

  고객 예전의 성공 경험을 떠올리니까 기분이 좋아지는 거 같습니다.

  코치 예전에 성공했을 때 발휘된 고객님의 잠재력은 뭐라고 생각하나요?

  고객 제 잠재력은 사람들과 소통하는 능력입니다.

  코치 이번 실패를 극복하는 데 고객님의 소통하는 능력을 어떻게 사용할 수 있을까요?

이들은 주로 다음과 같이 질문한다.

- 이 목표를 달성하는 것이 중요한 이유는 무엇인가요?
- 이 목표를 달성하면 삶이 어떻게 달라질까요?
- 이 목표 달성을 통해 궁극적으로 추구하는 것은 무엇인가요?
- 이 목표를 통해 진정으로 원하는 것은 무엇인가요?

- 당신의 삶에서 의미 있고 가치 있는 것은 무엇인가요?
- 이 목표는 당신의 중요한 가치를 어떻게 포함하고 있나요?
- 당신이 바라는 미래는 어떤 모습인가요?
- 미래의 모습이 되기 위해, 당신의 잠재력을 어떻게 활용할 수 있을까요?
- 그게 이루어지면, 어떤 점이 자랑스러울까요?
- 이 목표가 이루어진 모습은 어떤 모습일까요?
- 그 모습을 은유나 이미지로 표현해보시겠어요?
- 그 모습을 이룬 자신에게 뭐라고 인정해주고 싶은가요?

인본주의 심리학에 기반한 코치들은 인간은 본질적으로 자아실현을 추구하는 존재라고 믿는다. 그래서 이들은 개인의 잠재력 발휘에 초점을 맞춘다.

이들은 고객을 비판 없이 수용하고, 고객이 스스로 성장할 수 있는 환경을 제공하면, 변화는 자연스럽게 일어난다고 믿는다.

인본주의 코칭 대화 예시

코치   오늘 어떤 이야기를 해볼까요?

고객   요즘 일이 너무 힘들어요. 처음엔 일에 대한 열정이 넘쳤는데, 이젠 매일 아침 출근하는 게 고통스러울 정도예요. 이 일을 계속해야 할지, 아니면 다른 길을 찾아야 할지 잘 모르겠어요.

코치 출근하는 것조차 힘들 정도로 많이 지쳐 있군요. 요즘 일을 하면서 주로 어떤 감정들이 떠오르나요?

고객 뭔가 잘못된 거 같다는 느낌이 들어요. 정말 이 일을 해야 하는지, 아니면 다른 일을 찾아야 하는 건지 혼란스러워요. 예전엔 이 일이 저에게 큰 의미가 있었는데, 이젠 아무 의미도 없는 것처럼 느껴져요.

코치 예전엔 일이 큰 의미가 있었지만 지금은 그렇지 않다고 느끼는군요.

고객 예, 그런 거 같습니다.

코치 그 이유가 뭐라고 생각하나요?

고객 글쎄요…… 그냥 너무 지친 거 같아요. 하루하루 살아가기도 벅차서 내가 왜 이 일을 시작했는지도 잊어버린 거 같아요.

코치 일에 대해 혼란스러운 감정이 있군요. 처음에 이 일을 시작했을 때는 어떤 기준으로 이 일을 선택했나요?

고객 음…… 처음엔 이 일이 사람들에게 도움이 된다는 생각에 끌렸어요. 제가 하는 일이 누군가에게 도움을 줄 수 있다고 믿었죠. 그런데 지금은 그게 다 사라진 거 같아요.

코치 일을 통해 사람들에게 도움을 줄 수 있다는 게 고객님에게 중요했군요.

고객 예, 그렇습니다.

——— 코칭이 심리학을 만났을 때

코치	지금은 어떤가요?
고객	여전히 중요한 거 같아요. 하지만 지금은 그걸 느끼지 못하고 있어요. 그래서 더 힘든 거 같아요.
코치	고객님은 자신이 하는 일의 가치와 의미를 느끼고 싶은 거군요.
고객	그런 거 같아요. 지금의 일에서 그 가치를 실현할 수 있을지, 아니면 다른 길을 찾아야 할지 알고 싶어요.
코치	그런 생각을 하면 지금 어떤 감정이 드나요?
고객	설렘과 편안함이 동시에 떠올라요. 새로운 일을 생각할 때의 설렘과 호기심, 동시에 지금 일에서 느낄 수 있는 편안함도 있어요.
코치	설렘과 편안함이 동시에 있군요. 그 설렘과 편안함은 고객님에게 어떤 의미인가요?
고객	둘 다 좋은 거 같아요. 지금 이야기하면서 갑자기 '지금 하고 있는 일에서 편안함을 느끼면서 동시에 설렘도 느낄 수는 없을까?' 하는 생각이 들었어요.
코치	지금 하고 있는 일에서도 편안함과 동시에 설렘을 느낄 수 있다고 생각하시는군요.
고객	이야기를 나누다 보니, 제가 지금 하고 있는 일을 정말 좋아하는 거 같아요. 요즘 루틴하게 일을 하다 보니 제가 진짜로 좋아하는 일을 하고 있다는 걸 잠시 잊고 있었던 거 같아요.
코치	지금 이야기를 나누면서 자신의 일을 정말 좋아한다는 걸 다

시 깨닫게 되셨군요.

고객 그런 거 같아요. 제가 지금 하고 있는 일을 마음속으론 정말 좋아하고 있나 봐요. 다만, 일에서 의미를 찾지 못해 힘들었던 거 같아요. 다시 일을 사랑하게 되고 일의 의미를 되찾고 싶어요.

코치 다시 일을 사랑하게 되고 일의 의미를 되찾고 싶다고 했는데, 고객님이 진짜로 원하는 게 뭘까요?

고객 일을 하는 것 자체가 행복하고, 일하면서 더 성장하는 제 모습을 보고 싶어요. 단순히 일의 결과뿐만 아니라, 일하는 과정에서도 행복을 느끼고, 동시에 성장하는 걸 느끼고 싶어요.

코치 일을 통해 행복을 느끼면서 성장하고 싶다고 했는데, 그건 고객님의 어떤 가치와 연결되나요?

고객 제가 일을 하는 자체가 저에게 도움이 되면서, 동시에 다른 사람들에게도 도움이 됐으면 좋겠다는 생각을 항상 하고 있었어요.

코치 고객님이 일을 하는 게 자신에게도 도움이 되고, 동시에 다른 사람들에게도 도움이 되길 원한다는 거군요.

고객 예, 그런 거 같습니다.

코치 멋지군요. 그게 이루어진 모습을 은유나 이미지로 표현해보시겠어요?

고객 제가 산 정상에 서서 손을 내밀고 있어요. 그동안 올라온 길이 많이 힘들었지만, 이젠 정상에서 다른 사람들에게 도움의 손길을 내미는 모습이 떠오르네요.

코치   그걸 이룬 자신에게 어떤 말을 해주고 싶나요?

고객   너 정말 잘해냈어. 그동안 힘들었지만 끝까지 포기하지 않고 여기까지 온 네가 정말 자랑스럽다고 말해주고 싶어요.

코치   오늘 대화를 정리해볼까요? 오늘 대화를 통해 무엇을 느꼈나요?

고객   그동안 잠시 잊고 있었던, 일이 주는 의미와 가치를 다시 발견한 게 가장 의미가 있는 거 같아요.

코치   축하드립니다.

제5장

지금 이 순간에 집중하라
– 게슈탈트 코칭

부분을 넘어서 전체를 보라

고객이 말했다.

"일도 잘하고 싶고, 집에선 좋은 아빠가 되고 싶어요. 근데 회사에선 성과를 내느라 스트레스 받고, 집에 가면 또 짜증이 나고…… 제 자신이 싫어져요."

코치가 물었다.

"회사에서 일 잘하는 나, 그리고 집에서 좋은 아빠인 나…… 이 두 모습이 서로 충돌한다고 느끼나요?"

고객이 대답했다.

"회사에선 냉철해야 하고, 집에선 따뜻해야 하는데…… 이게 너무 달라서 제가 둘로 쪼개지는 느낌이에요."

코치가 말했다.

"혹시 회사에서 동료들을 따듯하게 대했던 적이 있나요?"

고객이 대답했다.

"얼마 전에 후배가 힘들어해서 시간을 내서 후배의 이야기를 들어줬는데, 후배가 아주 좋아했습니다. 저도 덩달아 기분이 좋더라고요."

코치가 다시 물었다.

"혹시 집에서 냉철하게 문제를 해결했던 적이 있나요?"

고객이 놀라며 말했다.

"맞아요. 아들이 힘들어할 때 무조건 위로만 하기보다, 함께 해결 방법을 찾았을 때 더 가까워졌어요."

고객은 자신을 '회사에서의 나', '가정에서의 나'로 분리하고 있었지만, 사실은 두 모습 모두 자신의 모습이라는 걸 깨달았다.

게슈탈트 코칭에선 고객이 자신 안의 다양한 부분(생각, 감정, 역할)을 분리하지 않고, 전체로 통합하도록 돕는다.

게슈탈트 심리학의 관점 1
'전체는 부분의 합보다 크다. 부분을 넘어서 전체를 보라.'

게슈탈트 심리학에서 전체성이란, 사람은 서로 다른 역할, 감정, 경험을 포함한 '전체로서의 나'일 때 가장 온전하다는 뜻이다. 회사의 나도, 집의 나도 모두 '진짜 나'다. 특정 부분을 억누르기보다, 나의

모든 모습을 인정하고 통합할 때 우리는 자유롭고 자연스러워진다
고 믿는다.

코칭에선 고객이 자신의 다양한 면을 분리해서 인식하기보다, 모든
것을 '하나의 나'로 수용하고 통합하도록 돕는다.

지금 이 순간에 집중하라

고객이 말했다.

"저는 항상 미래가 불안해요. 뭔가 놓치고 있는 거 같고 충분하지 않
다고 느껴져요."

코치가 물었다.

"그 감정은 지금 몸에서 어떻게 느껴지나요?"

고객이 대답했다.

"음…… 가슴이 답답하고, 손이 차가워요."

코치가 다시 물었다.

"그럼 지금 그 감각을 조금 더 자세히 들여다볼까요?"

고객은 잠시 눈을 감고 몸을 관찰한 후 말했다.

"손을 가만히 쥐어보니 조금 따뜻해지는 거 같아요. 가슴도 천천히
숨을 쉬니까 덜 답답해지네요."

게슈탈트 심리학의 관점 2

'지금 여기에서 변화가 시작된다. 지금 이 순간에 집중하라.'

게슈탈트 심리학에서 현재 중심이란, 과거에 대한 후회나 미래에 대한 걱정이 아닌, 지금 이 순간에 집중할 때 가장 건강하고 생생하다는 뜻이다. 이들은 지나간 과거에 얽매이지 말고, 아직 오지도 않은 미래에 연연해하지도 말며, 오직 지금 여기에서 느끼는 것에 충실할 때 변화가 시작된다고 믿는다.

코칭에선 고객이 지금 느끼는 감각, 감정, 생각에 집중하도록 돕고 거기서 행동의 출발점을 찾는다.

몸이 보내는 메시지를 알아차려라

고객이 말했다.

"회의 때 제 의견을 내고 싶은데 자꾸 참게 돼요. 말하려고 하면 뭔가 불안해져서……."

코치가 물었다.

"그 순간, 몸은 어떻게 반응하나요?"

고객이 대답했다.

"가슴이 답답하면서 떨리고, 손에 땀이 나요."

코치가 다시 물었다.

"지금 그 답답함과 떨림을 조금만 더 느껴보시겠어요? 거기에 어떤 감정이 있나요?"

고객은 천천히 숨을 내쉬며 말했다.

"틀린 말을 하면 창피당할 거라는 두려움이요……. 근데…… 또 한편으론 답답해요. 나도 말하고 싶거든요."

게슈탈트 심리학의 관점 3
'몸과 마음이 보내는 신호에는 중요한 메시지가 있다.'

게슈탈트 심리학에서 알아차림이란 자신의 감각, 감정, 생각에 주의를 기울이고 그 신호를 있는 그대로 인식하는 걸 말한다. 불안, 답답함, 긴장……. 이런 신호는 문제를 알리는 중요한 메시지다.

게슈탈트 심리학은 그런 신호를 무시하지 말고 지금 자신의 몸과 마음이 뭐라고 말하는지 들어야 한다고 주장한다.

코칭에선 고객이 자신의 내적 신호(몸, 감정)를 알아차리고, 그 속에서 자신의 진짜 욕구와 필요한 행동을 발견하도록 돕는다.

게슈탈트 심리학과 코칭의 만남

게슈탈트 심리학은 다음과 같이 주장한다.

- 전체성: 인간은 부분의 합이 아닌 전체적인 경험으로 세계를 인식한다. 전체는 부분의 합보다 더 크다. 행동, 생각, 감정 등은 부분적으로 설명하는 게 아니라 전체적인 맥락에서 봐야 한다고 주장한다.
- 지각의 조직화: 인간은 무질서한 자극을 있는 그대로 보는 게 아니라, 스스로 의미 있는 형태로 조직해서 지각한다. 형태와 패턴으로 지각한다.
- 자아 주체적 지각: 인간은 수동적으로 자극에 반응하는 존재가 아니라, 능동적으로 의미를 구성하는 존재다. 단순히 자극을 받아들이는 게 아니라, 자신의 경험과 상황에 맞게 의미를 만들어낸다.

게슈탈트 심리학의 영향을 받아서, 이 이론을 기반으로 코칭을 진행하는 것을 게슈탈트 코칭이라 부른다.
게슈탈트 코칭은 다음에 초점을 맞춘다.

- 전체성을 강조한다.
  개인의 전체적인(신체적, 정서적, 정신적, 사회적 측면) 경험을 모두 고려하여 통합적 접근을 통해 고객을 이해한다.
- 현재의 경험에 초점을 맞춘다.
  과거의 경험보다는 현재 순간의 경험에 집중하여, 지금 이 순간에 무엇을 느끼고 생각하는지 탐구한다.
- 창의적 실험을 한다.

고객이 새로운 행동과 사고방식을 시도해볼 수 있도록 창의적인 실험과 도전을 장려한다.

게슈탈트 코칭은 현재 순간의 경험과 인식을 강조하며 고객이 자신의 행동, 감정, 생각의 상호작용을 인식하도록 돕는다.
게슈탈트 코칭이 효과적으로 적용될 수 있는 상황은 다음과 같다.

- 과거의 경험이나 미래에 대한 불안을 지나치게 의식하며 현재에 집중하지 못할 때
- 감정과 신체적 반응(스트레스, 불안, 긴장 등)을 분리하여 경험하거나 이를 무시하는 경향이 있을 때
- 미해결된 관계, 미완성된 목표 또는 억압된 감정을 가지고 있을 때
- 새로운 아이디어와 관점이 필요한 창의적 문제를 다룰 때

사례 1. 동료 관계에서의 불안 해소

- 개요: 고객은 동료들과의 관계에서 자주 불안과 불편함을 느낀다.
- 코칭 방법: 고객이 동료들과의 상호작용 중 느끼는 감정을 인식하고, 그 감정이 관계에 어떤 영향을 미치는지 탐구하도록 돕는다.
- 대화 예시

  코치 동료들과 함께 있을 때 어떤 감정을 느끼시나요?

  고객 긴장되고 불편해요.

──── 코칭이 심리학을 만났을 때

코치 긴장과 불편함이 몸의 어디에서 느껴지나요?

고객 주로 가슴에서 많이 느껴지는 거 같아요.

코치 그 가슴의 느낌이 고객님에게 주는 메시지가 뭘까요?

고객 동료들 사이에선 마음을 터놓고 편하게 대하라고 말하는 거 같아요.

사례 2. 현재 순간에 집중하는 법

- 개요: 고객은 항상 미래에 대한 불안으로 현재 순간을 충분히 즐기지 못한다.
- 코칭 방법: 고객이 현재 순간에 집중하는 방법을 훈련하여, 불안감을 줄이고 현재의 경험에 더 충실할 수 있도록 돕는다.
- 대화 예시

    코치 지금 이 순간에 집중해볼까요? 뭐가 느껴지나요?

    고객 불안해요.

    코치 그 불안이 몸의 어디에서 느껴지나요?

    고객 가슴에서 느껴지는 거 같아요.

    코치 지금 가슴을 충분하게 느껴보세요. 가슴이 뭐라고 하나요?

사례 3. 직무 성과에 대한 압박 해소

- 개요: 고객은 성과에 대한 과도한 압박감을 느끼며 그로 인해 스

트레스를 받고 있다.

- 코칭 방법: 고객이 자신의 감정과 압박감을 인식하고, 그 감정이 성과에 어떻게 영향을 미치고 있는지 탐구하게 한다.
- 대화 예시

코치 성과를 생각하면 뭐가 느껴지나요?

고객 압박감이 느껴져요.

코치 그 압박감이 몸의 어디에서 느껴지나요?

고객 가슴에서 느껴집니다.

코치 지금 가슴을 충분히 느끼면서 그 압박감에 한마디 해준다면, 뭐라고 하겠습니까?

이들은 주로 다음과 같이 질문한다.

- 지금 이 순간 어떤 감정을 느끼고 있나요?
- 지금 몸에서 뭐가 느껴지나요?
- 지금 떠오르는 생각은 무엇인가요?
- 지금 느껴지는 감정은 무엇인가요?
- 지금 여기, 이 경험을 통해 무엇을 배우고 있나요?
- 지금 여기에서, 뭐가 불편하게 느껴지나요?
- 지금 여기에서, 알게 된 것은 무엇인가요?
- 지금 이 순간, 가장 중요한 것은 무엇인가요?
- 이런 상황이 당신의 삶에 어떤 영향을 미치고 있나요?

• 지금 여기에서, 어떤 새로운 걸 시도해볼 수 있을까요?

게슈탈트 심리학에 기반한 코치들은 인간의 경험을 개별적인 부분이 아니라 전체적인 맥락에서 이해해야 한다고 본다.
이들은 현재 순간, 지금 여기에서의 경험에 집중한다. 이들은 고객이 현재 느끼고 있는 감정과 생각을 명확하게 인식하도록 돕고, 그 과정에서 더 나은 자기 이해와 성장을 촉진한다.

게슈탈트 코칭 대화 예시

코치   오늘 어떤 이야기를 해볼까요?

고객   요즘 스트레스가 너무 심해요. 특히 지금 중요한 프로젝트를 시작하고 있는데, 너무 중요한 프로젝트라서 실수하면 안 된다는 생각에 불안이 심해요.

코치   프로젝트에 대한 스트레스와 불안을 동시에 느끼는군요.

고객   예, 그런 거 같아요.

코치   그 감정들이 몸에서 어떻게 나타나고 있나요?

고객   음…… 가슴이 답답하고, 목이 굉장히 뻣뻣해요. 그리고 손바닥이 땀으로 흠뻑 젖어 있어요.

코치   가슴이 답답하고, 목이 뻣뻣하고, 그리고 손바닥이 땀으로 젖어 있네요.

고객	예, 그렇습니다.
코치	그 신체적 감각들이 고객님에게 뭘 말해주고 있는 거 같은가요?
고객	숨이 막힐 거 같아요. 압박을 많이 느끼고 있다는 신호인 거 같아요.
코치	그런 신체적 감각들이 압박감을 느끼고 있다는 신호이군요. 그럴 때는 주로 어떻게 긴장을 해소하고 있나요?
고객	그냥 깊게 숨을 들이쉬고 있어요.
코치	지금 깊게 숨을 들이쉬어보실래요?
고객	(깊게 숨을 들이쉰다.)
코치	깊게 숨을 쉬고 나니 어떠세요?
고객	긴장감이 살짝 풀리는 거 같아요.
코치	깊게 숨을 쉬고 나니 긴장이 조금 풀리셨네요. 앞으로도 스트레스와 불안이 느껴질 때마다 깊게 숨을 쉬면 어떨 거 같나요?
고객	도움이 많이 될 거 같아요. 항상 감정을 억누르려고만 했는데, 그것보다는 숨을 깊이 들이쉬는 게 더 좋을 거 같네요.
코치	지금 말하면서 어떤 생각이 떠오르나요?
고객	몸과 마음이 연결되어 있다는 생각이 들어요. 스트레스를 받으니까 가슴이 답답하고 목이 뻣뻣했는데, 깊게 숨을 들이쉬고 나니까 스트레스가 해소되는 거 같아요. 신기하네요. 이게 바로 몸과 마음이 연결되어 있다는 증거인 거 같아요.
코치	몸과 마음이 연결되어 있는 증거를 찾으셨군요. 지금 이 말을

하면서, 어떤 감정이 느껴지나요?

고객 약간 편안해진 느낌이에요. 앞으로 스트레스를 받으면 이렇게 대처하면 되겠다는 생각이 들었어요. 마음이 느낀 스트레스를 몸으로 푸는 것? 이거 괜찮은 거 같아요. 조금 더 편안해졌어요.

코치 지금 이 경험을 통해 뭘 배우고 있나요?

고객 앞으로 몸이 힘들 땐 마음을 편안하게 가지려고 노력하고, 마음이 힘들 땐 몸을 더 편안하게 쉬어야겠다는 생각이 들었어요.

코치 몸이 힘들면 마음을 편안하게, 마음이 힘들면 몸을 편안하게……. 신기하네요. 역설적인 거 같은데, 왠지 효과가 있을 거 같네요…….

고객 스트레스를 관리하는 하나의 방법이 아닐까 해요. 앞으로 스트레스를 받을 때 이런 방법을 써보고 싶어요.

코치 몸과 마음의 연결고리를 활용하는 게 고객님의 스트레스 관리 방법이 되겠군요. 그런데 이 방법이 스트레스 관리에 얼마나 효과가 있을 거 같은가요?

고객 이 방법으로 모든 스트레스를 관리할 수 있는 건 아니겠지만, 스스로 스트레스를 다룰 수 있는 자신감이 생겼다는 게 큰 소득인 거 같아요.

코치 이 방법으로 모든 스트레스를 관리할 수 있는 건 아니지만, 스트레스를 다룰 수 있다는 자신감이 생긴 게 큰 소득이군요.

지금 이 대화를 통해 뭘 알게 됐나요?

고객 여태까지는 스트레스를 받으면 그냥 억누르려고만 했었는데, 그렇게 하기보다, 그 감정을 있는 그대로 받아들이는 게 중요하다는 걸 알게 됐습니다. 스트레스와 함께 찾아오는 몸의 반응을 알아차리고, 그때 느끼는 감정에 더 귀를 기울여야겠다는 생각이 듭니다. 몸과 마음의 신호를 억누르지 말고, 섬세하게 알아차리는 게 중요하다는 걸 알게 됐어요.

코치 훌륭한 통찰이네요. 몸과 마음이 서로 연결되어 있다는 걸 더 자주 인식할 때, 고객님께 어떤 변화가 일어날 거 같은가요?

고객 스트레스가 쌓이기 전에 미리 신호를 인식하고, 몸을 통해 마음을 더 빨리 안정시킬 수 있을 거 같아요. 그렇게 하면 불안이나 스트레스가 더 커지지 않게 관리할 수 있을 거 같아요.

코치 그렇다면 앞으로 스트레스를 느낄 때 고객님이 취할 첫 번째 행동은 무엇일까요?

고객 일단 호흡을 깊게 들이쉬고 내쉬면서 내 몸이 보내는 신호를 확인할 거예요. 그 신호를 억누르지 않고 자연스럽게 받아들이는 연습을 하고 싶어요.

코치 멋집니다. 오늘 대화를 통해 무엇을 느꼈나요?

고객 몸이 보내는 신호에 더 민감하게 반응해야 한다는 걸 깨달았어요. 그걸 통해 마음의 상태를 더 잘 관리할 수 있다는 것도요.

코치 정말 중요한 깨달음을 얻으셨네요.

제6장

생각이 감정을 결정한다
– 인지행동 코칭

감정은 생각에서 비롯된다

고객이 말했다.

"요즘 회사에 가면 짜증이 나요. 팀원들한테 괜히 날카롭게 말하곤 후회해요."

코치가 물었다.

"짜증이 나는 순간, 머릿속에 어떤 생각이 있나요?"

고객이 대답했다.

"왜들 저렇게 일을 못하지? 하는 생각이 들기도 하고, 결국엔 내가 다 책임지겠네! 하는 생각이 들기도 합니다."

코치가 다시 물었다.

"그런 생각이 들면, 어떤 감정이 생기나요?"

고객은 한숨을 쉬며 말했다.

"짜증, 화······. 그리고 결국 지쳐요."

고객은 자신의 감정의 뿌리에 '결국 내가 모든 걸 책임지게 된다'는 생각이 있다는 걸 알아차렸다.

인지행동 심리학의 관점 1

'감정과 행동은 생각에서 비롯된다.'

인지행동 심리학은 '생각 → 감정 → 행동'의 연결고리가 있다고 주장한다. 같은 상황이라도 생각에 따라 감정과 행동이 달라진다고 믿는다.

'결국 내 책임이다' 하고 생각하면 → 짜증, 화가 난다.

'서로 돕고 배우는 과정이다'라고 생각하면 → 여유, 배려하는 마음이 생긴다.

코칭에선 고객이 감정에 휘둘리기보다 그 감정의 뿌리에 어떤 생각이 있는지를 찾도록 돕는다.

비합리적인 생각은 문제를 만든다

고객이 말했다.

"저는 원래 내성적이라 조용한 걸 좋아해요. 사람들 앞에서 말하는 건 저한테 안 맞아요."

코치가 물었다.

"항상 그랬나요? 어릴 때는 어땠나요?"

고객이 대답했다.

"어릴 때는 활발했어요. 그런데 중학교 때 친구들에게 크게 말실수를 한 적이 있었는데, 그 이후로 말을 조심하게 된 거 같아요."

코치가 다시 물었다.

"그럼 고객님은 내성적인 게 아니라, 그때의 실수 경험이 고객님을 조용하게 만든 것일 수도 있겠네요."

고객이 대답했다.

"생각해보니 그렇네요. 제가 원래 내성적이라기보다, 그때의 경험 때문에 말수가 줄어든 거 같네요."

인지행동 심리학의 관점 2
'비합리적이고 부정적인 생각(신념)은 문제를 만든다.'

인지행동 접근에선 우리가 무의식적으로 떠올리는 '부정적이고 비합리적인 생각(자동적 사고)'이 감정과 행동 문제를 일으킨다고 본다. 예를 들면 다음과 같다.

'실수하면 끝이다' → 긴장, 침묵

'난 항상 부족해' → 자신감 저하, 회피

코칭에선 고객의 이런 자동적 사고 패턴을 발견하고 극복하도록 돕는다.

생각을 바꾸면 감정이 달라진다

고객이 말했다.

"부장님이 요즘 저한테 계속 차갑게 대해요. 제가 미운털이 박힌 거 같아요."

코치가 물었다.

"부장님이 차갑게 대했던 최근 상황이 떠오르시나요?"

고객이 대답했다.

"지난주에 보고서의 잘못을 지적하고 난 이후로 저를 무뚝뚝하게 대하는 거 같아요."

코치가 다시 물었다.

"혹시 다른 이유일 가능성은 없을까요?"

고객이 대답했다.

"혹시…… 요즘 부장님이 다른 프로젝트 때문에 몹시 바빠서 그런 건데, 제가 예민하게 받아들인 걸까요?"

코치가 물었다.

"고객님이 뭘 잘못해서 부장님이 무뚝뚝하게 대한다는 생각 대신, 부장님이 바빠서 여유가 없다고 생각하니까 마음이 어떤가요?"

고객이 말했다.

"그러네요. 제가 뭘 잘못한 건 아닐 수도 있겠네요. 마음이 조금 편해지네요."

인지행동 심리학의 관점 3

'생각을 바꾸면 감정과 행동이 달라진다.'

인지행동 심리학에선 현실과 맞지 않는 왜곡된 사고(흑백논리, 과대해석, 개인화 등)를 수정하면 감정이 안정되고 행동이 유연해진다고 본다.

'부장님이 싫어한다' → 불안, 위축

'부장님도 바쁠 수 있다' → 평온, 자연스러운 대화

코칭에선 고객이 자신의 생각을 점검하고, 균형 잡힌 생각을 할 수 있도록 돕는다.

인지행동 심리학과 코칭의 만남

인지행동 심리학은 다음과 같이 주장한다.

- 인지와 행동의 상호작용: 생각이 감정과 행동에 영향을 미친다.
- 비합리적 자동적 사고: 자동적으로 일어나는 비합리적이고 부정

적인 생각이 문제를 일으킨다.

- 인지 재구성: 왜곡된 사고를 수정해 문제를 해결하고 행동을 변화시킨다.

인지행동 심리학의 영향을 받아서, 이 이론을 기반으로 코칭을 진행하는 것을 인지행동 코칭이라 부른다.

인지행동 코칭은 다음에 초점을 맞춘다.

- 인지를 재구성한다.

  자신의 비합리적이고 부정적인 사고 패턴을 인식하고, 이를 긍정적이고 합리적인 사고로 재구성할 수 있도록 돕는다.
- 목표를 설정하고 성취를 지원한다.

  구체적이고 측정 가능한 목표를 설정하고, 이를 달성하기 위한 행동 계획을 수립하도록 돕는다.
- 행동 변화를 지원한다.

  자신의 바람직하지 않은 행동을 인식하고, 이를 긍정적이고 생산적인 행동으로 변화시킬 수 있도록 지원한다.

인지행동 코칭은 고객의 생각, 감정, 행동 간의 상호작용을 탐구하고 비합리적인 신념이나 왜곡된 사고를 수정함으로써 행동 변화를 촉진하는 데 중점을 둔다.

인지행동 코칭이 효과적으로 적용될 수 있는 상황은 다음과 같다.

- 비합리적인 신념(예: 절대 실패하면 안 된다)이나 왜곡된 사고(예: 흑백논리, 과잉 일반화)를 가지고 있을 때
- 목표를 달성하는 데 있어 스스로를 제한하는 사고(예: 나는 능력이 없다)로 인해 어려움을 겪을 때
- 왜곡된 사고나 신념 때문에 대인관계에서 갈등을 겪고 있을 때
- 의사결정을 내릴 때 비합리적 사고나 감정적 요인 때문에 어려움을 겪을 때
- 변화의 필요성을 인식하면서도 두려움이나 비합리적인 믿음 때문에 저항을 보일 때

사례 1. 부정적 사고 패턴 극복

- 개요: 고객은 업무에서 계속 실패할 거라는 부정적인 생각을 가지고 있으며 자신을 무능하다고 여긴다.
- 코칭 방법: 고객의 이러한 사고 패턴이 비합리적이라는 걸 인식하게 하고, 그걸 긍정적인 사고로 바꾸도록 돕는다.
- 대화 예시

코치 고객님이 실패할 거라는 생각이 어디에서 비롯된 거 같나요?

고객 지금까지 모든 일이 잘 풀리지 않았어요. 그래서 앞으로도 잘 안 될 거 같아요.

코치 여태까지 모든 일이 잘 안 풀렸나요? 과거에 한 번도 성공한 적이 없었나요?

고객 가끔 성공한 적도 있었어요.

코치 그렇다면 '여태까지 모든 일이 잘 풀리지 않았다. 그래서 앞으로도 잘 안 될 것'이라는 생각의 근거는 무엇인가요?

사례 2. 완벽주의에서 벗어나기

- 개요: 고객은 항상 일을 완벽하게 해야 한다는 압박을 느끼며 작은 실수에도 큰 스트레스를 받는다.
- 코칭 방법: 고객의 이 사고 패턴이 비합리적임을 인식하게 하고, 완벽하지 않아도 괜찮다는 새로운 관점을 받아들이게 돕는다.
- 대화 예시

  코치 언제나 완벽하지 않으면 안 된다고 생각하고 있군요.

  고객 저는 작은 실수도 용납할 수가 없어요.

  코치 앞으로도 항상 완벽해야 한다는 생각을 계속한다면, 어떻게 될까요?

  고객 너무 힘들 거 같아요.

  코치 언제나 모든 것에 완벽해야 하는 건 아니라고, 완벽에 대한 개념을 바꾸면 어떻게 될까요?

  고객 조금 더 편안하게 일할 수 있을 거 같아요. 완벽하게 해야 하는 일과 조금 여유를 가져도 되는 일을 구분하면서 할 수 있을 거 같아요.

사례 3. 부정적 자기 이미지 개선

- 개요: 고객은 자신의 외모와 능력에 대해 부정적인 사고를 가지고 있으며 항상 자신을 낮게 평가한다.
- 코칭 방법: 고객이 자신에 대한 부정적인 사고가 비합리적임을 인식하게 하고, 긍정적인 자기 이미지를 형성하도록 돕는다.
- 대화 예시

  코치 고객님이 자신을 낮게 평가하는 이유는 뭔가요?

  고객 제 외모와 능력이 남들보다 부족하다고 생각해요.

  코치 그 생각의 근거는 뭔가요?

  고객 뭐 딱히 근거는 없고, 그냥 제 느낌이 그래요.

  코치 그 생각의 근거는 딱히 없고, 그냥 느낌이군요. 그러면 고객님의 강점은 무엇인가요?

  고객 생각해보면, 저의 강점도 많은데 제 자신을 너무 부정적으로만 생각하고 있는 거 같아요.

이들은 주로 다음과 같이 질문한다.

- 어떤 일이 있었습니까? 그때 어떤 느낌이 들었습니까?
- 그 느낌은 어떤 생각에서 비롯된 것인가요?
- 그 생각의 근거는 무엇인가요?
- 그 생각이 지속되면, 어떤 결과가 생길까요?

- 그 생각과 다른 관점이 있다면, 무엇일까요?
- 그 관점을 바꾸면, 어떤 일이 일어날까요?
- 그 생각이 바뀌면, 어떤 행동을 할 수 있을까요?
- 제일 먼저 시도해보고 싶은 것은 무엇인가요?
- 당장 시작할 수 있는 작은 행동은 무엇인가요?

인지행동 심리학에 기반한 코치들은 사고, 감정, 행동이 상호작용하며 서로 영향을 미친다고 믿는다.

이들은 고객으로 하여금 비합리적인 사고를 인식하게 하고, 이를 긍정적이고 현실적인 사고로 변화시키는 데 초점을 맞춘다. 고객이 부정적인 사고 패턴을 인식하고, 그걸 더 현실적이고 긍정적인 사고로 대체하여 문제를 해결할 수 있도록 지원한다.

인지행동 코칭 대화 예시

코치   오늘 어떤 이야기를 해볼까요?

고객   얼마 전에 리더십 다면진단을 받았는데, 리더십 다면평가라는 게 과연 효과가 있는 건지, 그게 어떤 의미가 있는 건지 정말 모르겠어요.

코치   리더십 다면진단을 받으셨군요. 조금 더 자세하게 말해주시겠어요?

고객 저의 리더십 평가에 참여한 사람들이 약 200명이 넘는데, 그 사람들이 저에 대해 뭘 안다고 진단을 하는지 모르겠어요. 그 사람들 중에는 1년 내내 저와 대화 한마디 나누지 않는 사람도 있고, 대부분 저와 직접적으로 접촉하지 않거든요. 그런데 그런 사람들이 저의 리더십에 대해 평가를 하는 게 무슨 의미가 있고, 효과가 있겠습니까?

코치 지금 진행되는 리더십 다면진단 방식에 문제가 있다고 느끼시는군요. 진단 결과를 받았을 때 기분이 어떠셨나요?

고객 황당하죠! 이건 그냥 인기투표에 불과해요!

코치 다른 사람들의 점수와 비교해서 어떤가요? 진단 결과를 보면 회사 평균과 고객님의 점수, 편차 등이 기재되어 있을 텐데요.

고객 바로 그게 문제라는 겁니다. 진단을 받는 사람들이 하는 업무도 다르고, 진단에 참여하는 사람들 숫자도 다른데, 일괄 비교해서 당신은 회사 평균보다 점수가 낮으니까 리더십을 개선해야 한다는 논리는 너무 단편적인 거 아닌가요?

코치 리더십 진단 방식이 단편적이라서 문제가 있다고 말씀하셨는데, 진단 방식 때문에 화가 난 건가요? 아니면 점수가 낮아서 화가 난 건가요?

고객 둘 다인 거 같아요.

코치 그렇군요. 앞으로도 회사는 이런 방식으로 진단을 계속할 거 같은가요?

고객 (시무룩하게) 그럴 거 같습니다.

코치 그러면 앞으로도 고객님의 점수는 계속 낮게 나올 거 같은가요?

고객 (더 시무룩하게) 그럴 거 같습니다.

코치 앞으로도 계속 점수가 낮게 나오면 어떻게 되나요?

고객 심각한 문제가 생기겠죠. 이 자리를 더 이상 버티지 못할 거 같아요.

코치 그렇다면 뭔가 변화가 있어야 하겠네요……. 그런데 진단 방식은 고객님이 마음대로 바꿀 수 없고……. 그렇다면 고객님이 할 수 있는 건 뭔가요?

고객 이 자리를 계속 유지하려면 진단 점수를 올리는 거밖에는 방법이 없겠네요.

코치 진단 방식이 잘못되어 있는 상태에서 진단 점수를 올린다는 게 쉽지 않을 거 같군요.

고객 꼭 그렇지만은 않습니다. 이런 방식으로 진단해도 점수가 높게 나오는 사람들도 있고, 저도 예전엔 높게 나온 적이 있거든요…….

코치 지금 리더십 진단에 대해 생각이 바뀌신 건가요?

고객 생각이 바뀐 게 아니라, 현실을 있는 그대로 직시하는 겁니다.

코치 현실을 있는 그대로 직시한다는 게 어떤 뜻인가요?

고객 진단 방식이 어쨌든 앞으로도 진단은 계속될 거고, 점수가 계속 낮으면 이 자리에서 물러나야 한다는 거지요…….

코치 짠한 현실 직시네요. 어쨌든 진단 점수를 올려야 한다는 거군

——— 코칭이 심리학을 만났을 때

요. 진단 점수를 올리기 위해서 구체적으로 어떻게 해야 하나요?

고객   일단 저의 리더십에 어떤 문제가 있는 건지, 먼저 진단 결과 보고서를 꼼꼼하게 읽어봐야 할 거 같아요. 지난번에 보고서를 받고 나서 화가 나서 제대로 읽어보지도 않았거든요.

코치   먼저 진단 결과를 자세하게 파악하려고 하시는군요. 진단 결과를 파악하고 난 후에 제일 먼저 시도해보고 싶은 건 무엇인가요?

고객   먼저 팀원들과 식사를 해야겠어요. 리더십 진단 결과를 받고 나서, 팀원들 꼴도 보기 싫어서 요즘 데면데면 지내고 있거든요. 팀원들도 저 때문에 많이 불편할 거 같아요. 팀원들이 일부러 저에게 나쁜 점수를 준 건 아닐 테고……. 뭔가 제가 개선되기를 바라는 마음이 있었을 거 같아요.

코치   훌륭한 관점의 전환이군요.

고객   관점의 전환이라기보다, 이미 알고 있는 거지만, 그동안은 제가 화가 나서 일부러 진실을 외면하고 있었던 거지요.

코치   팀원들과 식사를 하면서 특별히 어떤 이야기를 해보고 싶은가요?

고객   리더십 진단 결과에 대해선 일절 이야기하지 않을 겁니다. 팀원들이 어떤 애로 사항이 있는지, 제가 뭘 도와줘야 하는지를 파악해보려고 합니다.

코치   멋지군요! 리더십 진단에 대해선 이야기하지 않고, 오히려 팀원들을 도와줄 방법을 찾겠다는 거네요.

고객 결국 그게 본질 아니겠습니까? 팀원들이 편해야 일을 잘할 거고, 일이 잘돼야 팀 분위기가 좋아지고, 덩달아서 저의 리더십 평가도 좋아질 거 아니겠습니까? 이것들은 서로 연결되어 있는 거지요.

코치 서로 연결되어 있다는 게 본질이네요. 오늘 대화를 통해 어떤 깨달음을 얻으셨나요?

고객 저의 리더십 점수가 낮게 나와서 그동안 본질을 외면하고 있었는데, 오늘 대화를 통해 알게 된 건 제가 그동안 팀원들에 대한 관심이 부족했고, 오직 제 성과만 올리려고 노력했는데, 그게 바로 본질을 잘못 알고 있었던 겁니다. 이것들은 서로 연결돼 있어서, 어느 하나라도 소홀히 하면 바로 문제가 생긴다는 걸 잊고 있었습니다.

코치 훌륭한 성찰을 하셨군요.

제7장

강점이 답이다
– 긍정심리 코칭

누구나 웰빙을 추구한다

고객이 말했다.

"일은 잘하고 있어요. 승진도 했고, 남들이 부러워하는 자리인데…… 그런데 이상하게 허전해요. 요즘은 아침에 일어나기가 싫어요."

코치가 물었다.

"고객님에게 허전하다는 느낌은 어떤 건가요?"

고객이 대답했다.

"뭔가 해야 하는데, 안 하고 있는 느낌이라고 할까요."

코치가 또 물었다.

"그럼 충만한 느낌은 어떤 건가요?"

고객이 대답했다.

"알겠네요. 뭔가 하고 싶은 일을 하는 게 충만한 거 같아요. 예를 들면 좋아하는 사람들과 여행도 가고, 주말엔 산책도 하고, 저녁엔 가족이랑 식사하면서 웃는 거요. 근데 요즘 그런 시간이 거의 없네요."

코치가 다시 물었다.

"그런 게 충만한 거라면, 삶에서 충만한 순간을 더 늘릴 수 있는 방법은 무엇인가요?"

고객이 대답했다.

"퇴근 후에 잠깐이라도 가족이랑 동네를 산책하면 좋을 거 같네요. 그리고 이번 달엔 짧게라도 여행을 해볼까 봐요."

긍정심리학의 관점 1
'인간은 웰빙을 추구한다. 성과만큼 중요한 것은 잘 사는 것이다.'

긍정심리학에선 웰빙이란 단순히 일에서만 성공하는 게 아니라, 일·관계·건강·성장·의미 등 삶의 전반에서 만족과 행복을 느끼는 상태를 말한다.

코칭에선 고객이 성과를 넘어 '진짜 잘 사는 삶'이 무엇인지 생각하게 하고, 삶 전체의 균형과 행복을 찾도록 돕는다.

강점이 답이다

고객이 말했다.

"성과를 내긴 하는데 요즘 너무 힘들어요. 늘 버티는 느낌이에요. 남들처럼 저도 끈기 있게 밀어붙여야 한다고 생각하는데…… 안 맞는 거 같아요."

코치가 물었다.

"혹시 고객님이 힘들지 않고 즐겁게 일했던 때는 언제였나요?"

고객이 대답했다.

"사람들하고 같이 아이디어를 나누고, 서로 의견을 주고받으면서 프로젝트를 했을 때요. 그땐 시간 가는 줄 몰랐어요."

코치가 다시 물었다.

"그때 고객님의 어떤 강점이 발휘된 거 같나요?"

고객이 대답했다.

"소통, 협력…… 그리고 창의적인 아이디어를 내는 거요. 혼자 끙끙대는 것보다 사람들과 함께할 때 더 잘되더라고요."

고객은 자신의 강점을 발휘할 때, 더욱 즐겁게 일할 수 있다는 것을 확인했다.

　

긍정심리학의 관점 2

'강점이 답이다. 잘하는 것을 더 잘하게 하라.'

긍정심리학에선 부족한 점을 고치려고 애쓰기보다 자신의 강점을 발견해서 더 강화하는 게 성과와 행복을 높인다고 믿는다.

코칭에선 고객이 자신의 강점을 스스로 인식하고 이를 더 강화하도록 돕는다.

좋은 감정이 좋은 결과를 만든다

고객이 말했다.

"요즘 팀 분위기가 무겁고, 저도 의욕이 떨어져요. 뭔가 새로운 분위기가 필요한데, 자꾸 부정적인 것만 보이고 답답해요."

코치가 물었다.

"최근에 기분 좋았던 순간은 언제였나요?"

고객이 대답했다.

"얼마 전에 동료하고 점심을 먹을 때 농담을 주고받으면서 크게 웃었던 기억이 나네요. 그때 오랜만에 몸이 가벼워지는 느낌이 들었습니다."

코치가 다시 물었다.

"그런 감정들을 더 많이 느낄 수 있다면, 팀 분위기에 어떤 영향을 미칠까요?"

고객이 대답했다.

"확실히 다를 거 같아요. 일상에서 소소하게 좋은 감정을 더 많이 느낄 수 있도록 의식적으로 노력하면 좋을 거 같네요."

고객은 좋은 감정을 더 많이 느끼면, 더 즐겁게 일할 수 있다는 것을 확인했다.

긍정심리학의 관점 3
'좋은 감정이 좋은 결과를 만든다.'

긍정심리학에선 긍정적 감정이 사고와 행동을 유연하게 만들고, 성장과 창의성을 촉진한다고 믿는다.

코칭에선 고객이 일상에서 긍정적 순간을 알아차리고, 의도적으로 그런 순간을 늘려가도록 돕는다.

긍정심리학과 코칭의 만남

긍정심리학은 다음과 같이 주장한다.

- 누구에게나 강점과 미덕이 있다: 성장을 위해 각자의 강점, 미덕, 긍정적 자원을 발견하고 개발하는 것이 중요하다고 주장한다.
- 인간은 누구나 행복과 웰빙을 추구한다: 개인적인 주관적 행복감, 삶의 의미, 심리적 웰빙을 중시한다.
- 긍정적 경험이 삶의 질을 높인다: 감사, 희망, 사랑, 즐거움 등 긍

정적 정서는 생각의 질을 높인다. 이를 많이 경험할수록 삶의 질이 높아진다고 믿는다.

긍정심리학의 영향을 받아서, 이 이론을 기반으로 코칭을 진행하는 걸 긍정심리 코칭이라 부른다.
긍정심리 코칭은 다음에 초점을 맞춘다.

- 웰빙을 추구한다.
  고객이 더 행복하고, 의미 있으며, 성취감 있는 삶을 살아갈 수 있도록 돕는다. 일상에서 작은 성취와 긍정적 경험에 감사하며, 이를 인식하는 습관을 형성하도록 지원한다.
- 강점을 기반으로 접근한다.
  자신의 강점을 인식하고, 이를 바탕으로 목표를 설정하고 성취할 수 있도록 돕는다.
- 긍정적 감정을 강화한다.
  더 많은 긍정적 감정을 경험하고, 이를 통해 행복과 웰빙을 증진시키는 데 초점을 맞춘다. 자신의 능력과 가능성에 대한 신뢰를 높이고, 자기 효능감을 증진시킬 수 있도록 돕는다.

긍정심리 코칭은 고객의 강점, 긍정적인 감정 그리고 성장을 촉진하는 환경을 기반으로 잠재력을 극대화하고 행복감을 높이는 데 중점을 둔다.

이 접근법이 효과적으로 적용될 수 있는 상황은 다음과 같다.

- 자신의 강점을 더 잘 이해하고 이를 활용하여 목표를 달성하고자 할 때
- 삶에서 더 많은 행복과 만족을 찾고자 할 때
- 실패나 어려운 상황에서 더 나은 회복력을 개발하고, 낙관적인 사고를 배우고자 할 때
- 삶에 더 큰 의미와 목적을 부여하고 싶어 할 때
- 무기력하거나 동기가 부족한 상태에서 긍정적인 정서를 통해 행동의 변화를 원할 때

사례 1. 삶의 만족도 증대

- 개요: 고객은 일상에서 만족감을 느끼지 못하고 있으며 목표를 달성해도 성취감이 부족하다고 느끼고 있다.
- 코칭 방법: 고객이 긍정적인 경험과 감정을 더 자주 인식하고, 이를 통해 삶의 만족도를 높일 수 있도록 돕는다.
- 대화 예시

  코치 최근에 기뻤거나 만족스러웠던 경험이 있다면 어떤 게 있을까요?

  고객 최근에 가족들과 여행을 함께 갔던 게 좋았어요.

  코치 그 여행에서 뭐가 특히 만족스러웠나요?

고객 가족들과 함께하는 시간이 즐거웠어요. 앞으로도 더 자주 그런 시간을 보내고 싶네요.

사례 2. 자신감 향상

- 개요: 고객은 새로운 도전을 앞두고 자신감을 잃고 자신의 능력을 의심하고 있다.
- 코칭 방법: 고객의 과거 성공 경험을 상기시키고, 그 강점을 활용하여 새로운 도전에 대한 자신감을 회복하도록 돕는다.
- 대화 예시

  코치 과거에 성공했던 경험 중에서 기억나는 게 뭔가요?

  고객 예전에 큰 프로젝트를 성공적으로 완료한 적이 있어요.

  코치 그 프로젝트가 성공했을 때 사용했던 강점은 뭐였나요?

  고객 끈기와 문제 해결 능력이었죠. 이번에도 그걸 활용할 수 있을 거 같네요.

사례 3. 긍정적 정서 강화

- 개요: 고객은 일상 속에서 스트레스를 자주 느끼며 긍정적인 감정을 경험할 기회가 없다고 말한다.
- 코칭 방법: 고객이 긍정적인 순간을 더 자주 인식하고 그 감정을 확장시키도록 돕는다.

- 대화 예시

코치 오늘 하루 중에 즐거웠던 순간이 있었다면 어떤 건가요?

고객 아침에 커피를 마실 때 잠시 여유를 느꼈어요.

코치 그 여유로운 감정을 어떻게 하면 더 자주 경험할 수 있을까요?

고객 하던 일을 잠시 멈추고 창밖의 풍경을 바라보는 것도 여유를 느낄 수 있는 좋은 방법이 될 수 있을 거 같네요.

이들은 주로 다음과 같이 질문한다.

- 최근에 기뻤던 순간은 언제였나요?
- 오늘 하루 동안 감사했던 일은 무엇인가요?
- 어떤 활동을 할 때 몰입감을 느끼나요?
- 지금까지의 성취 중에서 자랑스러운 건 무엇인가요?
- 어떤 상황에서 활력을 느끼나요?
- 당신의 삶에 의미를 주는 건 무엇인가요?
- 당신의 강점은 무엇인가요?
- 당신에게 소중한 관계는 무엇인가요?
- 미래에 대해 기대되는 건 무엇인가요?

긍정심리학에 기반한 코치들은 강점과 긍정적인 자질에 초점을 맞추고, 사람들이 더 행복하고 충만한 삶을 살 수 있는 방법을 연구한다.

이들은 고객의 강점을 발견하고 긍정적인 자원을 활용하여 성취감을 높이며, 웰빙과 전반적인 삶의 만족도를 높이기 위해 노력한다.

긍정심리 코칭 대화 예시

코치 오늘 어떤 이야기를 해볼까요?

고객 제가 이번에 팀장이 됐는데, 앞으로 어떻게 하면 팀장의 역할을 잘 수행할 수 있을지에 대해 이야기를 나누고 싶어요.

코치 팀장이 되신 거 축하드립니다.

고객 감사합니다.

코치 오늘 대화가 끝났을 때 뭘 얻고 싶은가요?

고객 제가 되고 싶은 팀장의 모습이 뭔지 분명하게 알고 싶고, 또 어떻게 하면 그 역할을 잘할 수 있는지 방법을 알고 싶어요.

코치 오늘 대화를 통해, 되고 싶은 팀장의 모습을 확인하고 싶고, 그 역할을 잘 수행하는 방법을 알고 싶다는 거군요.

고객 예, 그렇습니다.

코치 그렇다면 지금까지 고객님은 어떤 걸 잘해서 팀장으로 승진했나요?

고객 저는 맡겨진 일은 어떻게 하든지 완수해내는 책임감이 강했던 거 같습니다.

코치 고객님은 책임감이 강한 분이시군요. 그리고 또 어떤 점을 인정받았나요?

고객 저는 다른 사람들과 관계가 원만한 편이에요. 웬만하면 제 주장을 하기보다 다른 사람들의 의견을 먼저 듣고 공감을 잘해주거든요. 제가 공감을 잘한다는 말을 많이 들었어요.

코치 책임감이 상하고, 공감을 잘하고, 또 어떤 점을 인정받았나요?

고객 저는 협업을 잘한다는 말을 많이 들었어요. 혼자서 일하는 것도 잘하지만, 다른 사람들과 함께 일할 때 더 잘한다는 말을 많이 들었습니다.

코치 책임감, 공감, 협업이 고객님의 장점이군요.

고객 그런 거 같습니다.

코치 앞으로 팀원들에게 어떤 팀장으로 인정받고 싶은가요?

고객 믿고 따를 수 있는 형님 같은 팀장?

코치 형님 같은 팀장이요? 조금 더 자세하게 말해줄래요?

고객 저에게 형이 한 명 있는데, 저는 웬만한 애로 사항이 있으면 형에게 상의했고, 또 형이 행동하는 걸 보면서 많은 걸 배웠거든요. 저에게 형은 배우고 싶고 따르고 싶은 롤 모델입니다.

코치 형님같이 믿고 따를 수 있는 팀장이 되는 게, 고객님에겐 어떤 의미인가요?

고객 팀원들이 형님같이 믿고 따르는 팀장이 되는 건 저의 오랜 로망입니다.

코치 로망이요? 멋진 표현이네요. 팀장이 되고 나서 가장 기뻤던 건 뭔가요?

고객 팀장으로서 가장 기뻤던 일은 아무래도 목표를 달성했을 때인 거 같아요. 그동안 우리 팀이 계속해서 목표 달성을 못 하고 있었는데, 제가 팀장이 되고 나서 처음으로 목표 달성을 했거든요. 그게 제일 기뻤던 거 같네요.

코치 팀이 목표 달성을 했을 때가 제일 기뻤다면, 팀장으로서 감사를 느낄 때는 언제인가요?

고객 팀의 목표 달성은 팀장 혼자 잘한다고 되는 게 아니라, 팀원들이 모두 각자의 역할을 잘해야 비로소 가능한 건데, 저는 평소에 팀원들이 묵묵히 각자의 역할을 잘해주고 있는 것에 대해 고마움을 느끼고 있습니다.

코치 팀원들이 묵묵히 각자의 역할을 잘해주고 있는 것에 대해 고마움을 느끼고 있군요. 그렇다면 팀장으로서 어떤 일을 할 때 몰입감을 느끼나요?

고객 우리 팀에 주어진 역할과 사명이 무엇인지, 어떻게 하면 팀장으로서 그 역할을 잘할 수 있는지에 대해 항상 생각하고 있습니다. 이런 고민을 할 때 가장 몰입하는 거 같습니다.

코치 팀장의 역할과 사명에 대해 고민할 때 가장 몰입이 잘된다는 말씀이군요.

고객 그런 거 같습니다.

코치 지금까지 직장 생활을 하면서 자랑스럽게 생각하는 성취는 무엇인가요?

고객 오랫동안 우리 팀에서 해결하지 못했던 프로젝트가 있었는데, 그걸 제가 몇 달 동안 고민해서 해결했던 경험이 있습니다. 그때가 제일 자랑스러운 거 같습니다. 덕분에 모범 사원 표창도 받았고, 보너스에 휴가까지 다녀왔습니다.

코치 모범 사원 표창과 보너스 그리고 휴가까지 다녀왔던 그 경험은 정말 자랑스러웠겠네요.

고객 예, 그렇습니다.

코치 그 성취를 이루신 고객님의 강점은 뭐라고 생각하나요?

고객 책임감과 끈기였던 거 같아요. 프로젝트를 반드시 해결해야 한다는 책임감을 가지고 끈기 있게 고민하고, 방법을 찾아냈던 게 결국 성과로 이어진 거 같아요.

코치 그렇군요. 고객님의 책임감과 끈기가 그 성취를 이뤄낸 원동력이었군요. 그런 강점을 발휘했을 때, 스스로가 어떤 사람이라고 느껴졌나요?

고객 저도 뭔가 할 수 있겠다는 자신감이 생겼어요. 어떤 문제가 생기더라도 해결할 수 있겠다는 자신감을 느꼈습니다.

코치 멋진 자신감이네요. 고객님의 책임감, 끈기 그리고 팀원들과의 협업을 통해 많은 성과를 이루셨는데, 앞으로 팀장으로서 되고 싶은 모습은 어떤 건가요?

고객 팀원들과 좋은 관계를 유지하면서도 목표를 달성하고, 팀원들이 믿고 따르는 팀장이 되고 싶어요. 팀원들과 함께 성장해 나가는 팀을 만들고 싶어요.

코치	그 목표를 이루기 위해, 고객님의 강점 중에서 어떤 점을 더 적극적으로 활용하고 싶은가요?
고객	아마도 공감 능력과 협업 능력을 더 발휘해야 할 거 같아요. 팀원들이 저를 믿고 따르려면, 그들이 하는 말에 더 귀 기울이고, 더 적극적으로 소통해야겠죠.
코치	그렇군요. 공감과 협업을 통해 팀원들과 더 깊은 신뢰를 쌓을 수 있을 거 같네요. 그 모습을 상상하면 어떤가요?
고객	기분이 좋아요. 팀원들이 저를 신뢰하고, 제가 그들에게 더 많은 걸 해줄 수 있다면, 정말 보람 있을 거 같아요.
코치	그렇게 되면 팀장으로서 보람을 많이 느끼겠군요.
고객	예, 그럴 거 같습니다.
코치	오늘 대화를 통해 무엇을 느꼈나요?
고객	제 강점인 책임감, 공감, 협업 능력을 잘 활용하면 제가 원하는 팀장이 될 수 있겠다는 자신감을 얻었어요. 앞으로 그 강점을 더 발전시키고, 팀원들과의 관계도 더 깊이 쌓아야겠다는 다짐도 했습니다.
코치	멋진 성찰이네요. 고객님의 강점을 바탕으로 팀원들과 신뢰를 쌓고 함께 성장하는 팀장이 되기를 기대하겠습니다.

제8장

물처럼 유연하게 바람처럼 자유롭게
– 코칭 접근법의 선택

어떤 코칭 접근법이 더 효과적인가?

특정 상황에선 꼭 특정 코칭 접근법을 사용해야 하는가?

코치는 특정 주제에 대해, 특정한 코칭 접근법을 쓴다는 걸 의식하면서 코칭을 진행하는가?

이에 대한 대답으로 학습의 4단계 이론을 살펴보자.

학습의 1단계: 무엇을 모르는지 모른다.

학습의 2단계: 모른다는 것을 안다.

학습의 3단계: 안다는 것을 안다. 배움을 의식적으로 실천한다.

학습의 4단계: 안다는 것을 의식하지 않는다. 배움이 자연스럽게 체화되어 있다.

우리가 추구하는 것은, 3단계의 배움을 통해 자연스럽게 4단계로 나아가는 것이다. 학습의 초기엔 어떤 코칭 접근법을 쓰겠다는 걸 의식하면서 코칭을 진행할 것이고, 학습이 심화되면 이를 의식하지 않으면서도 자연스럽게 코칭 접근법을 사용할 것이다.

물처럼 유연하게 바람처럼 자유롭게, 각 코칭 접근법을 잘 활용할 수 있으려면 각 코칭 접근법의 특징을 보다 분명하게 이해해야 할 것이다.

이를 위해, 동일한 주제에 대해 각 코칭 접근법은 각자 어떤 방식으로 코칭하는지 살펴보기로 하자.

상황

고객은 현재 직장에서 10년 동안 근무하며 성과를 인정받아왔으나, 새로운 분야로의 경력 전환을 고민하고 있다. 변화를 시도하려는 의지가 있으나 실패에 대한 두려움으로 결정을 망설이고 있다.

정신역동 코칭 접근법

주제 공유

코치   오늘 어떤 이야기를 해볼까요?

고객   현재 직장에서 10년 동안 일했는데, 이젠 새로운 분야로 경력을 전환하고 싶습니다. 그런데 그 결정을 내리는 게 너무 두렵습니다. 실패하면 어떻게 하지? 하는 생각이 계속 듭니다.

코치　경력 전환을 고민하고 있으면서 동시에 실패에 대한 두려움 때문에 망설이고 있군요.

고객　예, 그렇습니다.

코치　오늘 이 대화를 통해 뭘 얻고 싶으세요?

고객　제가 뭘 그렇게 두려워하는지 알고 싶고, 이 두려움을 극복할 방법을 찾고 싶어요.

과거 경험 탐구

코치　이런 두려움과 망설임을 예전에도 느껴본 적이 있나요?

고객　대학 졸업 후 첫 직장을 선택할 때도 비슷한 기분을 느꼈습니다. 직업을 한번 선택하면 그 직업이 적어도 10년 이상은 제 삶에 큰 영향을 미칠 텐데, 과연 이 길이 맞는 건지, 내가 진짜로 좋아하는 일인지, 내가 잘할 수 있는 일인지 확신이 들지 않고 두려움과 망설임이 아주 강했습니다.

코치　그때는 어떻게 했나요?

고객　저는 어떤 큰 결정을 할 때 두려움을 많이 느끼는 거 같습니다. 그때도 많은 시간을 고민하면서 망설이고 두려워했던 거 같습니다.

코치　큰 결정을 할 땐 고민을 많이 하고 두려움을 많이 느낀다고 했는데, 어릴 때는 어땠나요?

고객　제가 어릴 때, 우리 부모님도 큰 결정을 할 땐 고민을 많이 하고 두려움을 많이 느끼는 거 같았습니다. 이사를 해야 하는데, 이것저것 고민하고 망설이느라 몇 년 동안 어디로 이사해야 할지 결정을 못 하는 경우가 여러 번 있었습니다. 제가 부모님의 영향을 많이 받은 거 같습니다. 돌이켜보면, 대학 전공을 정할 때도 많은 고민과 두려움이 동시에 있었던 거 같습니다.

코치 그렇군요. 큰 결정을 앞두고 고민하고 두려움을 느끼는 게 부모님의 영향을 받기도 했고, 대학 전공을 정할 때도 그랬고, 직장을 처음 결정할 때도 그런 패턴이 있었군요.

고객 예, 그런 거 같습니다.

코치 고객님에게 이런 패턴이 있다는 걸 알고 나니까 어떤가요?

고객 뭔가를 두려워하지만 어차피 결정할 텐데, 두려움이 생기더라도 너무 망설이지 말고, 일단 시도해보는 습관을 가지는 게 좋을 거 같아요.

과거와 현재의 연결

코치 비록 두렵지만 일단 시도하는 게 좋다는 말씀이군요.

고객 예, 그런 거 같아요.

코치 그 생각을 지금 경력 전환을 고민하는 상황에 연결해본다면, 어떤가요?

고객 예전에 큰 결정을 할 때와 마찬가지로 망설임과 두려움이 있는 거 같아요. 이번엔 특히 나이가 들어서 실패하면 회복하기 어려울 거라는 두려움이 더 큰 거 같아요.

──────── 코칭이 심리학을 만났을 때

코치   이번엔 특히 실패에 대한 두려움이 더 크다는 말씀이군요.

고객   예, 그렇습니다.

코치   그 두려움의 아래에 있는 욕구는 뭘까요?

고객   예? 두려움 아래에 있는 욕구요?

코치   예, 그렇습니다. 고객님의 두려움 아래에 있는, 고객님의 진짜 욕구가 뭘까요?

고객   제가 지금 이런 두려움을 느끼는 게, 저를 보호하려고 하는 걸까요? 맞아요! 이 두려움의 아래엔, 실패하지 않는 안전한 길을 선택하고 싶은 강한 욕구가 있는 거 같아요.

코치   그 두려움은 고객님을 보호하고 안전한 길을 선택하고 싶은 욕구인 동시에, 지금 고객님의 선택을 방해하고 있군요.

고객   그런 거 같네요.

코치   이 두려움과 걱정을 뒤집어본다면, 뭐가 떠오르나요?

고객   예? 두려움과 걱정을 뒤집으면 도전과 용기 아닐까요?

코치   도전과 용기의 관점에서 이 두려움과 걱정을 본다면, 어떤가요?

고객   실패가 두렵긴 하지만, 그 실패도 제 경험의 일부가 될 수 있다는 생각이 드네요. 그 경험이 결국 저를 더 성장시킬 수도 있을 거 같아요.

실행 계획 수립

코치   좋은 통찰이네요. 그렇다면 어떻게 하고 싶으세요?

고객 지금까지 생각을 많이 했으니 이젠 뭐라도 시도해봐야 할 거 같아요.

코치 그렇다면 지금 당장 시작할 수 있는 작은 행동은 무엇일까요?

고객 제가 가려고 하는 분야에서 일하고 있는 사람들을 만나 이야기를 들어보는 것부터 시작하고 싶어요. 그들의 경험을 통해 더 명확한 그림을 그릴 수 있을 거 같아요.

코치 훌륭한 계획이네요. 그 행동을 실천하는 데 예상되는 어려움은 무엇인가요?

고객 제가 만나고 싶은 사람들을 제가 만나고 싶은 타이밍에 제대로 만날 수 있을지 염려되기도 하고, 그들이 얼마나 적극적으로 이야기를 해줄지 염려가 되기도 해요.

코치 그 어려움은 어떻게 극복할 생각인가요?

고객 미리 걱정하지 말고, 발생하는 상황이 있으면, 적극적인 자세로 용기 있게 대처해나가면 될 거 같아요.

코치 미리 걱정하지 말고, 적극적인 자세로 용기 있게 대처하면 된다는 말씀이군요.

고객 그렇습니다. 미리 앞당겨서 걱정하는 습관을 이젠 과감하게 버리고 싶습니다.

세션 마무리

코치 그러시군요. 오늘 대화를 정리해볼까요? 오늘 대화를 통해 무엇을 알게 됐나요?

고객 제가 큰 결정을 할 땐 너무 많이 걱정하고 두려워하면서 결정을 잘하지 못하는 패턴이 있다는 걸 알게 됐습니다. 그리고 저의 걱정과 두려움의 아래엔 저를 안전하게 보호하려고 하는 욕구가 있다는 것도 알게 됐습니다.

코치 그런 걸 알게 된, 오늘 코칭의 결과로 앞으로 뭐가 달라질 거 같은가요?

고객 어떤 큰 결정을 할 때, 지금처럼 너무 많이 걱정하거나 두려워하지 않을 거 같아요. 결국은 행동을 통해서 변화를 이루어 낸다는 걸 알았기 때문에, 걱정은 조금만 하고 빨리 작은 행동이라도 시도할 수 있을 거 같아요.

코치 저도 오늘 대화를 통해 고객님은 실행 의지가 매우 강하다는 걸 느꼈습니다. 오늘 코칭의 결과로 의미 있는 변화가 있기를 기대하겠습니다.

정신역동 코칭은 다음과 같은 포인트에 초점을 맞추어 대화를 진행했다.

- 무의식적 패턴과 과거 경험 연결: 고객의 무의식적 패턴을 탐구하고, 과거 경험과 연결해 자기 이해를 도왔다.
- 내면의 욕구 탐구: 두려움의 아래에 있는 충족되지 않은 욕구가 무엇인지 확인하고, 그걸 긍정적인 에너지로 전환했다.

제8장 · 물처럼 유연하게 바람처럼 자유롭게 - 코칭 접근법의 선택

- 현재와 미래를 통합: 현재 사고 패턴에 대한 이해를 통해 미래의 새로운 습관을 만들려고 했다.

행동주의 코칭 접근법

주제 공유

코치 오늘 어떤 이야기를 해볼까요?

고객 새로운 분야로 경력을 전환하고 싶은데 두려움 때문에 계속 망설이고 있어요. 어떻게 해야 할지 모르겠어요.

코치 경력 전환을 하고 싶지만, 두려움 때문에 망설이고 있다는 말씀이군요.

고객 예, 그렇습니다.

코치 오늘 대화를 통해 뭘 얻고 싶은가요?

고객 뭐부터 시작해야 할지, 구체적인 방법을 알고 싶어요.

코치 경력 전환을 위해, 뭐부터 시작해야 할지 알고 싶다는 말씀이군요.

고객 예, 그렇습니다.

구체적 목표 설정

코치 경력 전환과 관련하여, 지금까지 시도해본 건 무엇인가요?

고객 그게 문제인데요. 지금까지는 제가 과연 잘할 수 있을지 걱정만 하면서 아무것도 시도하지 않고 그냥 망설이고만 있었습니다.

코치 지금까지는 걱정만 하고 아무것도 시도해보지 않았는데, 이젠 뭔가를 해보고 싶다는 건가요?

고객 예, 그렇습니다. 이젠 뭔가 시도하지 않으면 기회가 다시 오지 않을 거 같은 두려움이 있습니다.

코치 특별하게 시도해보고 싶은, 미리 생각해본 게 있나요?

고객 미리 생각해본 건 없는데, 일단 뭐라도 시작해보고 싶습니다.

코치 좋습니다. 경력 전환과 관련하여, 고객님이 이루고 싶은 목표는 무엇인가요?

고객 지금 직장에서 10년 동안 일했는데, 이젠 새로운 일을 하고 싶어졌습니다.

코치 새로운 일을 통해 무엇을 얻고 싶은 건가요?

고객 새로운 일을 한다는 건, 곧 새로운 삶을 산다는 것과도 같은 뜻인 거 같아요. 새로운 일을 통해 삶에 활력과 에너지를 느끼고 싶어요.

코치 경력 전환을 통해 고객님이 이루고 싶은 목표를 은유나 이미지로 표현할 수 있을까요?

고객 경력 전환을 성공적으로 이룬 모습을 생각하면, 푸른 햇살을 받으면서 활기차게 일하고 있는 저의 모습이 떠오릅니다.

코치 고객님에게 경력 전환이 의미하는 것은 푸른 햇살과 활기찬 에너지군요.

고객   예, 그런 거 같습니다.

행동 계획 수립과 강화 전략

코치   좋습니다. 고객님의 그런 목표를 위해, 지금 당장 시작할 수 있는 아주 작은 행동은 뭘까요?

고객   제가 전환하려고 하는 직업에 종사하는 사람들과 네트워킹 하거나, 그 분야에 대해 더 깊이 조사해보는 겁니다.

코치   좋습니다. 구체적으로 어떻게 하겠습니까?

고객   일주일에 두 명씩 관련 분야의 사람들에게 연락해서 이야기를 나눠볼까 합니다.

코치   그 행동을 꾸준히 지속하기 위해, 어떤 방식으로 자신을 격려하거나 보상할 수 있을까요?

고객   일주일에 두 명과 대화를 성공적으로 마칠 때마다, 제가 좋아하는 넷플릭스 영화를 한 편씩 보겠습니다. 이렇게 하면 실행력을 높이면서 동시에 제가 좋아하는 영화를 볼 수 있는 좋은 방법이 되겠네요.

코치   이 행동을 실천하는 과정에서 예상되는 장애는 뭘까요?

고객   제가 연락을 했을 때 상대방이 거절하거나 시간이 없다고 할까 봐 걱정이에요.

코치   만약 그런 일이 생긴다면 어떻게 하겠습니까?

고객   그 사람도 나름대로 사정이 있어서 그럴 테니까, 실망하지 않고 또 다른 사람에게 연락을 해봐야지요. '중꺾마!' 중요한 것은 꺾이지 않는 마음이겠지요.

세션 마무리

코치 그렇군요. 중요한 것은 꺾이지 않는 마음이군요. 이제 오늘 대화를 정리해볼까요? 오늘 대화를 통해 무엇을 알게 됐습니까?

고객 제가 경력 전환을 통해 이루고 싶은 목표가 뭔지 구체적으로 살펴봤고, 목표를 달성하기 위해선 작은 행동이라도 일단 시작하는 게 중요하다는 걸 확인했습니다. 그리고 실천을 꾸준하게 지속할 수 있도록, 자기 격려와 자기 보상도 필요하다는 걸 알게 됐습니다.

코치 오늘 코칭을 통해 알게 된 것 중에서, 계속해서 실천해보고 싶은 건 무엇인가요?

고객 오늘 대화를 통해 구체적인 목표를 정하는 게 얼마나 중요한지 알게 됐습니다. 그리고 목표를 세웠으면 망설이지 말고, 작은 행동이라도 시작하는 게 얼마나 중요한지도 알게 됐습니다. 이 두 가지는 앞으로 잊지 않고 계속 실천해야 할 거 같습니다.

코치 저도 고객님의 실행을 응원하고 지지하겠습니다.

행동주의 코칭은 다음과 같은 포인트에 초점을 맞추어 대화를 진행했다.

- 구체적 목표 설정: 경력 전환을 통해 얻고 싶은 게 무엇인지에 대해 명확하게 정의했다.
- 구체적인 행동 계획 수립: 새로운 행동 계획을 수립하고 예상되는 장애에 대처하는 방안을 모색했다.
- 강화 전략 설정: 긍정적인 행동을 지속하기 위한 보상 시스템을 만들었다.

인본주의 코칭 접근법

주제 공유

코치   오늘 어떤 이야기를 해볼까요?

고객   저는 경력을 전환하고 싶어요. 하지만 두려움 때문에 결정을 내리지 못하고 있어요. 정말 이 길이 맞는지, 잘할 수 있을지 모르겠어요.

코치   경력 전환에 대한 열망과 두려움이 함께 있는 거 같네요.

고객   예, 그런 거 같습니다.

코치   오늘 대화를 통해 뭘 얻고 싶으세요?

고객   제가 왜 이렇게 두려워하는지 알고 싶고, 스스로를 믿을 수 있는 방법을 찾고 싶어요.

현재 감정과 자기 인식 탐구

코치 경력 전환을 하는 것은 고객님에게 어떤 의미인가요?

고객 새로운 삶을 살아보는 것이고, 삶의 활력을 느끼는 것입니다.

코치 조금 더 자세하게 말해주실래요?

고객 처음에 직업을 선택할 때도 그랬지만, 저는 제가 하고 싶은 일을 마음껏 해보고 싶어요. 그런데 한편으론 과연 제가 잘할 수 있을지, 불안과 두려움이 동시에 느껴져요.

코치 그 불안과 두려움은 고객님에게 어떤 메시지를 주는 거 같나요?

고객 저를 보호하려고 하는 거 같아요. 실패하면 다시 일어서기 어렵지 않을까 걱정하는 마음이 있는 거 같아요.

코치 그 메시지를 들으니 어떤 생각이 드시나요?

고객 아무것도 하지 않으면, 아무 일도 일어나지 않는다. 새로운 삶을 살고 싶고, 새로운 활력을 느끼고 싶다면, 과감하게 투자해라!

코치 아무것도 하지 않으면 아무 일도 일어나지 않는다는 말이 인상적이네요.

가치와 강점 탐구

코치 지금 이 상황에서 고객님이 중요하게 생각하는 가치는 뭔가요?

고객 성장입니다. 저는 발전하지 않는 건 퇴보하는 것과 마찬가지

라고 생각해요. 그런데 지금 직장에선 발전하고 있다는 느낌
이 들지 않네요. 이젠 새로운 분야에서 더 성장해보고 싶어요.

코치 고객님이 중요하게 생각하는 가치는 성장이군요. 그렇다면 지
금까지 성장해오면서 고객님이 발휘했던 강점은 무엇인가요?

고객 책임감과 창의력이라고 생각해요. 저는 항상 문제를 책임감
있게 해결하려고 노력했고, 팀에 새로운 아이디어를 제시하
는 걸 좋아했어요.

코치 고객님의 강점인 책임감과 창의력을 새롭게 도전하는 곳에
서도 활용할 수 있다면 어떤 기분이 들까요?

고객 조금 더 자신감이 생길 거 같아요. 새로운 분야에서도 잘할
수 있을 거 같은 느낌이 들어요.

자기 수용과 행동 계획

코치 지금 고객님은 두려움과 열망이라는 두 가지 감정을 동시에
느끼고 있는데, 이 두 감정은 고객님에게 어떤 의미일까요?

고객 두려움은 저를 멈추게 하지만, 열망은 저를 앞으로 나아가게
하는 힘인 거 같아요.

코치 그 두 가지가 공존하는 자신을 어떻게 받아들이고 싶으세요?

고객 두려움도 나쁜 것만은 아니고, 제가 더 잘 준비할 수 있도록
돕는 신호라고 생각하고 싶어요. 열망을 더 키워서 앞으로 나
아갈 힘으로 삼고 싶습니다.

코치 두려움과 열망이 모두 자신의 모습이라는 말씀이군요.

고객	그렇습니다. 두려움과 열망을 함께 느끼는 게 저의 진짜 모습인 거 같아요.
코치	두려움도 나의 모습이고, 열망도 나의 모습이니까, 이 둘을 통합적으로 볼 수 있어야 한다는 말씀이군요.
고객	예, 맞습니다. 바로 그겁니다. 제 자신을 두려움 따로, 열망 따로 분리해서 볼 게 아니라, 이 둘의 모습을 전부 저의 모습으로 보는 게 맞는 거 같습니다.
코치	훌륭한 통찰이군요. 그럼 경력 전환을 통해 고객님이 궁극적으로 추구하는 건 뭔가요?
고객	경력 전환을 통해 제가 궁극적으로 추구하는 건 새로운 삶, 성장하는 삶, 활력 있는 삶을 살아가는 겁니다.
코치	고객님에게 경력 전환이란 새로운 삶, 성장하는 삶, 활력 있는 삶을 살아가는 것이군요.
고객	예, 그렇습니다.
코치	그렇다면 경력 전환을 위해 지금 당장 시작할 수 있는 건 뭘까요?
고객	제가 새롭게 하고 싶어 하는 분야의 전문가들과 이야기하면서, 그들이 어떻게 성공했는지 배우고 싶어요.
코치	언제부터 시작하겠습니까?
고객	이번 주에 그 분야의 전문가들 정보를 정리해서, 연락을 취하고, 다음 주부터는 곧바로 실행에 옮길까 합니다.

세션 마무리

코치 실행력이 매우 강하시군요.

고객 그게 저의 강점인 거 같습니다.

코치 그걸 실천하는 데 예상되는 애로 사항은 무엇인가요?

고객 현재로선 특별한 애로 사항은 없는 거 같습니다. 일단 시작해보고, 장애물이 생기면 그때그때 해결해나가면 될 거 같습니다.

코치 그렇군요. 오늘 대화를 정리해볼까요? 오늘 대화를 통해 어떤 게 의미 있었나요?

고객 두려움도 잘 활용하면 성장의 동력이 될 수 있다는 걸 깨달았습니다. 그리고 제가 중요하게 생각하는 가치가 성장이라는 것도 알게 됐고, 제 강점을 잘 발휘하면 새로운 분야에서도 성공할 수 있겠다는 걸 깨달았습니다.

코치 수고 많으셨습니다. 오늘 코칭의 결과로 의미 있는 변화가 있기를 기대하겠습니다.

인본주의 코칭은 다음과 같은 포인트에 초점을 맞추어 대화를 진행했다.

- 가치와 강점 탐구: 고객이 중요하게 생각하는 가치를 발견하고, 강점을 확인했다.
- 긍정적 자기 수용: 두려움과 열망이라는 감정을 탐구하고, 두려

움을 받아들이면서 긍정적으로 전환했다.

- 성장 중심의 접근: 실패를 두려워하지 않고 새로운 시도를 성장의 기회로 인식하도록 지원했다.

게슈탈트 코칭 접근법

주제 공유

코치   오늘 어떤 이야기를 해볼까요?

고객   저는 경력을 전환하고 싶어요. 하지만 두려움 때문에 결정을 내리지 못하고 있어요. 정말 잘할 수 있을지 모르겠어요.

코치   경력 전환에 대한 열망과 두려움이 함께 있는 거 같네요.

고객   예, 그렇습니다.

코치   오늘 대화를 통해 무엇을 얻고 싶으세요?

고객   제 두려움을 이해하고, 그걸 어떻게 극복할 수 있을지 알아보고 싶어요.

현재 순간 탐구

코치   경력 전환을 생각하면 몸에서 뭐가 느껴지나요?

고객   가슴이 답답하고, 머릿속이 복잡해요. 그리고 손에 땀이 나요.

코치   그 답답함과 복잡함에 조금 더 집중해보실까요? 그 느낌은 어떤 색깔이나 모양인가요?

고객	회색 연기 같아요. 제 앞을 가리고 있는 느낌이에요.
코치	그 회색 연기가 고객님에게 어떤 메시지를 주고 있나요?
고객	'앞으로 나아가지 마라. 안전하게 있는 게 더 낫다'고 말하는 거 같아요.

자각과 선택 탐구

코치	그 메시지는 고객님을 보호하려는 의도이면서, 동시에 앞으로 나아가는 데 장애가 되고 있군요.
고객	예, 그런 거 같습니다.
코치	지금 그 연기 너머를 상상해본다면, 어떤 모습이 보이나요?
고객	맑고 푸른 하늘이에요. 그리고 새로운 직장에서 즐겁게 일하고 있는 모습도 보여요.
코치	그 모습에서 어떤 감정이 느껴지나요?
고객	자유와 희망이요.
코치	지금 그 자유와 희망을 충분하게 느껴보실래요?
고객	(눈을 감고 심호흡을 하면서 충분하게 느낀다.) 몸이 편안해지고 행복감이 밀려오는 거 같아요.

현재에서 시작하는 행동 탐구

코치	몸이 편안하고 행복한 상태에서, 어떻게 하고 싶은가요?
고객	지금 대화를 나누면서 제가 경력 전환을 진짜로 원한다는 걸 알게 됐어요.

코칭이 심리학을 만났을 때

코치	그렇군요. 지금 경력 전환을 생각하면 몸에서 뭐가 느껴지나요?
고객	에너지와 활력이 느껴집니다.
코치	아까는 경력 전환을 생각하면 가슴이 답답하고, 손에 땀이 난다고 했는데, 지금은 에너지와 활력이 느껴진다는 건가요?
고객	그러네요. 참 신기하네요. 제가 진심으로 경력 전환을 원하는 거 같네요.
코치	에너지와 활력을 지금 충분하게 더 느껴보실래요?
고객	(심호흡을 하면서 충분하게 느낀다.)
코치	경력 전환을 위해 당장 뭐부터 시작하고 싶은가요?
고객	제가 옮기고 싶어 하는 분야에서 일하고 있는 사람들과 대화를 시작해보고 싶습니다. 그들이 어떻게 성공했는지 배우고 싶어요.
코치	좋은 방법인 거 같네요. 그럼 어떻게 시작하겠습니까?
고객	일단 제가 옮기고 싶은 분야에서 일하고 있는 지인들 리스트를 정리하고, 이번 주에 두 명에게 연락을 취해보려고 해요.
코치	또 무엇을 해보고 싶은가요?
고객	일단 이거부터 꾸준하게 실천해보고, 다음 스텝은 그다음에 생각하는 게 좋을 거 같습니다.
코치	좋습니다. 지인들에게 연락을 하고 대화를 시작하는 과정에서 예상되는 애로 사항은 뭘까요?
고객	그들이 혹시 만나주지 않으면 어쩌지? 하는 생각과 그들이

과연 얼마나 자세하게 이야기를 해줄까? 하는 염려가 동시에 있어요.

코치   그 염려는 어떻게 해결하겠습니까?

고객   제 경험에 의하면, 두려움은 연기예요. 그냥 가만히 있으면 연기에 휩싸이지만, 일단 움직이면 연기는 곧 사라지고 말거든요. 걱정이 될 때마다, 두려움은 곧 사라질 연기라 생각하고, 멈추지 않고 꿋꿋하게 계속 시도하겠습니다.

세션 마무리

코치   좋은 생각이군요. 그럼 오늘 대화를 정리해볼까요? 오늘 대화를 통해 뭘 느꼈나요?

고객   제가 그동안 두려움에만 너무 집중하고 있었는데, 그 너머에 있는 에너지와 활력이라는 가능성을 새롭게 볼 수 있었다는 게 좋았습니다. 그리고 제가 경력 전환을 진짜로 원하고 있다는 걸 알게 된 것도 의미가 있었습니다.

코치   고객님의 성찰을 축하드립니다. 오늘 코칭의 결과로 의미 있는 변화가 있기를 기대하겠습니다.

게슈탈트 코칭은 다음과 같은 포인트에 초점을 맞추어 대화를 진행했다.

• 현재 순간을 탐구: 고객이 느끼는 신체적, 정서적 반응을 통해 현

재 순간에 몰입하도록 돕고, 내면의 메시지를 탐구했다.

- 자각과 선택: 두려움의 메시지를 인식하면서 그 너머의 가능성을 발견했다.
- 감정과 행동을 통합: 두려움을 희망으로 전환하면서 행동을 지속할 동기를 강화했다.

인지행동 코칭 접근법

주제 공유

코치   오늘 어떤 이야기를 해볼까요?

고객   저는 경력을 전환하고 싶지만 자꾸 망설이게 돼요. 새로운 분야로 가면 실패할 거라는 생각이 계속 듭니다.

코치   경력 전환에 대한 열망과 동시에 실패할 거라는 생각이 고객님을 망설이게 하고 있군요.

고객   예, 그렇습니다.

코치   오늘 대화를 통해 뭘 얻고 싶으세요?

고객   제 생각이 왜 이렇게 부정적인지 알고 싶고, 그걸 극복할 방법을 찾고 싶어요.

비합리적 부정적 사고 탐구

코치   경력 전환과 관련하여, 최근에 어떤 일이 있었습니까?

고객 얼마 전에, 성공적으로 경력 전환을 했던 사람들을 몇 사람 만나봤는데요, 그들이 했던 노력을 듣고 나서 주눅이 들었어요.

코치 성공적으로 경력 전환을 한 사람을 만나서 이야기를 듣고는 주눅이 들었다는 말씀인가요?

고객 예. 그렇게 경력 전환이 어렵다면 과연 내가 할 수 있을까? 하는 두려움이 느껴졌어요.

코치 그 두려움은 지금 고객님에게 어떤 영향을 미치고 있나요?

고객 뭘 시도해도 소용없을 거 같아서, 이러지도 못하고 저러지도 못하면서 그냥 망설이고만 있어요. 저는 아무래도 실패할 거 같아요.

코치 실패할 거라는 생각 때문에 망설이고 있다고 했는데, 고객님이 실패할 거라는 생각의 근거는 무엇인가요?

고객 경력 전환에 성공한 사람들의 이야기를 들어보면, 정말 열심히 노력했더라고요. 제가 과연 그렇게 열심히 노력할 수 있을까 하는 두려움과 의심이 함께 들었어요.

코치 내가 과연 그렇게 열심히 할 수 있을지에 대한 두려움과 의심이 들었다고 하셨는데, 고객님은 어떤 목표가 생기면 어떻게 하나요?

고객 저도 어떤 목표가 생기면 열심히 하는 편인데, 이번엔 너무 큰 목표라는 생각이 들어서 망설이게 되는 거 같아요.

코치 고객님도 목표가 주어지면 열심히 하는 편인데, 이번엔 목표가 너무 커서 망설이게 된다는 말씀이네요.

——————— 코칭이 심리학을 만났을 때

고객	예, 그렇습니다.
코치	예전에 큰 목표에 도전했던 경험은 없나요?
고객	생각해보니, 첫 직장을 선택하는 것도 저에겐 큰 도전이었습니다. 직장을 한번 선택하면 적어도 10년 이상의 삶이 영향을 받을 거라는 걸 생각하면서 두려움과 망설임이 컸던 기억이 있습니다.
코치	그때의 경험과 지금의 상황을 연결하면 어떤가요?
고객	그러고 보니, 그때도 두려웠던 건 마찬가지였네요. 그런데 그때는 두려움이 느껴질 때마다 더 열심히 공부했고 더 열심히 뭔가를 했던 거 같아요.

대안적 사고 탐색

코치	좋습니다. 그때의 상황을 돌이켜보면서 얻는 교훈은 무엇인가요?
고객	두려움이 크다는 건 그만큼 열망도 크다는 거 같아요. 두려움은 열망의 다른 모습이라는 걸 깨닫고, 두려움이 생길 때마다 더 열심히 노력하고 도전해야겠다는 생각이 들어요.
코치	두려움은 열망의 다른 모습이라는 말이 매우 인상적으로 들립니다. 그래서 지금의 자신에게 어떤 말을 해주고 싶은가요?
고객	새로운 분야에 도전하면 처음엔 어려움이 많겠지만, 비록 실패를 하더라도 그 과정에서 배울 수 있는 것도 많을 테니까, 일단 시작이라도 해보는 게 좋겠다는 생각이 듭니다.

코치   일단 시작하면 어떨 거 같나요?

고객   지금처럼 망설이고 있는 거보다는 훨씬 좋을 거 같아요. 실패의 가능성도 있겠지만, 성공의 가능성도 있는 거니까요. 자신감이 조금 더 생기는 거 같아요.

행동 계획 도출

코치   그 자신감을 바탕으로, 지금 당장 시작할 수 있는 작은 행동은 뭘까요?

고객   관심 있는 분야의 전문가들과 대화를 시작하고 그들의 경험을 배우는 겁니다.

코치   그 행동을 실천할 때 다시 부정적인 생각이 떠오른다면 어떻게 하겠습니까?

고객   실패할 거라는 생각이 떠오르면, 과거에 성공했던 경험과 그때의 감정을 떠올리려고 해요.

코치   좋습니다. 전문가들과의 대화를 위해 구체적으로 어떤 준비를 하겠습니까?

고객   이번 주 안에 관심 분야의 지인들을 리스트로 정리하고, 두 명에게 연락해 만나기로 약속을 잡아보겠습니다.

코치   이 행동을 마친 후 스스로를 어떻게 격려하겠습니까?

고객   좋아하는 넷플릭스 영화를 한 편 보면서 제 자신의 노력에 대해 보상해주고 싶어요.

코치 오늘 대화에서 어떤 점이 의미 있었나요?

고객 제가 너무 부정적인 생각에만 매달려 있었다는 걸 알게 됐고, 그걸 긍정적인 시각으로 바꾼 점이 좋았어요.

코치 서는 오늘 대화를 통해 고객님은 의지가 매우 강한 분이라고 느꼈습니다. 오늘 코칭의 결과로 의미 있는 변화가 있기를 기대하겠습니다.

인지행동 코칭은 다음과 같은 포인트에 초점을 맞추어 대화를 진행했다.

- 부정적 사고 탐구: 고객이 자신의 비합리적 사고를 인지하도록 했다.
- 사고 재구성: 기존의 부정적 사고를 긍정적인 사고로 대체했다.
- 구체적 행동 계획: 실행 가능한 작은 행동 계획과 긍정적 자기 격려 전략을 수립했다.

긍정심리 코칭 접근법

주제 공유

코치 오늘 어떤 이야기를 해볼까요?

고객	경력을 전환하고 싶지만, 실패할 거 같은 두려움이 너무 커서 결정을 내리지 못하고 있어요. 자신감도 없고 정말 이게 맞는 길인지 모르겠어요.
코치	새로운 도전을 하고 싶지만 실패에 대한 두려움과 자신감 부족이 고객님을 망설이게 하고 있군요.
고객	예, 그렇습니다.
코치	오늘 대화를 통해 어떤 걸 얻고 싶으세요?
고객	자신감을 가지고 이 두려움을 극복할 방법을 찾고 싶어요.

강점 탐구

코치	지금까지 직장 생활을 하면서 고객님의 어떤 강점을 잘 발휘했나요?
고객	잘 모르겠어요. 저는 지금 스스로를 부정적으로만 보고 있는 거 같아요.
코치	다시 한번 살펴볼까요? 지금까지 10년 동안 직장에서 성과를 인정받았다고 했는데, 그 과정에서 발휘된 고객님의 강점은 무엇인가요?
고객	글쎄요…… 아~ 책임감이요. 저는 항상 맡은 일을 끝까지 완수하려고 노력했어요. 또 창의력도 있었던 거 같아요. 저는 새로운 아이디어를 제안하는 걸 좋아했어요.
코치	지금까지 고객님의 책임감과 창의력이 고객님을 성공으로 이끌었군요.

고객   그런 거 같네요. 제가 그 두 가지를 잘 발휘했기 때문에 지금까지 성과를 낼 수 있었던 거 같아요.

긍정적 정서 구축

코치   그 강점들을 떠올리면서 경력 전환을 생각하면 어떤가요?

고객   자신감이 조금 생기는 거 같아요. 새로운 분야에서도 이 강점들을 활용할 수 있겠다는 생각이 들어요.

코치   새로운 분야에서 되고 싶은 모습은 어떤 모습인가요?

고객   잘해낼 줄 알았다는 말을 듣고 싶어요. 뭔가 새로운 것에 도전해서 성취를 이뤄냈다는 기쁨을 느끼고 싶어요.

코치   경력 전환을 해서 고객님이 원하는 걸 이룬 모습을 은유나 이미지로 표현할 수 있을까요?

고객   새로운 산 정상에 우뚝 올라서서, 발아래를 내려다보며 미소 짓고 있는 저의 모습이 떠올라요.

코치   산 정상에서 미소 짓는 고객님의 모습을 더욱 깊이 느껴보실래요?

고객   (눈을 감고 심호흡을 하면서 상상을 한다.) 몸과 마음이 동시에 포근해지는 거 같아요.

행동 계획 도출

코치   몸과 마음이 동시에 포근해지는 그런 성취를 이뤄내는 게, 고객님의 삶에서 어떤 의미가 있을까요?

고객 제가 원하는 일을 하게 되면, 삶이 더 활력 있고 더 행복할 거 같아요.

코치 삶이 더 활력 있고 행복한 그런 성취의 기쁨을 느끼기 위해, 지금 당장 시작할 수 있는 건 뭘까요?

고객 제가 도전해보고 싶은 분야에서 일하는 사람들과 대화를 나누고 그들의 경험을 배우는 거요.

코치 그 대화를 통해 얻고 싶은 건 무엇인가요?

고객 그들이 어떻게 성공했는지, 그 과정에서 겪은 어려움은 무엇이었는지, 그 어려움은 어떻게 극복했는지에 대해 배우고 싶어요.

코치 언제부터 시작할 예정인가요?

고객 다음 주부터 준비해서 곧바로 시작하고 싶습니다.

세션 마무리

코치 오늘 대화에서 무엇을 느꼈나요?

고객 제가 경력 전환을 진심으로 원하고 있다는 걸 알게 됐고, 제가 책임감과 창의력이라는 강점을 가지고 있다는 것도 알게 됐습니다. 그리고 그 강점을 새로운 도전에서도 충분히 활용할 수 있다는 자신감도 얻었습니다.

코치 저도 오늘 대화를 통해 고객님이 경력 전환을 진심으로 원하고 있다고 느꼈습니다. 오늘 코칭의 결과로 의미 있는 변화가 있기를 기대하겠습니다.

긍정심리 코칭은 다음과 같은 포인트에 초점을 맞추어 대화를 진행했다.

- 강점 탐구와 긍정적 정서 구축: 고객이 자신의 강점을 재발견하고, 이를 통해 자신감을 회복했다.
- 미래 지향적 관점: 강점을 기반으로 새로운 도전에서의 가능성을 긍정적으로 상상했다.
- 희망과 성장 초점: 현재의 두려움을 극복하며 도전과 성장이 가능하다는 희망을 강화했다.

코칭 접근법의 선택

특별한 이유가 없는 한, 코칭 세션이 진행되는 동안 코치는 한 가지 접근법에만 의존하지 않는다. 상황에 따라 다양한 접근법을 활용한다. 예를 들어, 고객이 자신의 감정이나 경험을 깊이 탐구하려는 경우엔 게슈탈트 코칭 접근법을 사용한다.

반면, 명확한 목표 설정과 실행 계획이 필요한 상황에선 행동주의 코칭 접근법을 선택한다.

고객의 다양성을 수용하며 최상의 결과를 이끌어내기 위해, 코치는 상황에 맞는 코칭 접근법을 적절하게 선택한다.

어떤 상황에서 어떤 접근법이 적합한지 살펴보자.

과거와 현재를 연결해야 할 필요가 있는 경우: 정신역동 코칭

- 상황: 고객이 반복적으로 특정 행동을 하며 후회하고 있는데, 그 이유를 알지 못한다.
- 코칭 접근법: 과거 경험과 현재 행동의 연결성을 이해하여 행동 패턴을 바꾸는 데 도움을 준다.
- 질문 예시

  '이 행동은 과거의 어떤 경험과 연결되어 있나요?'

  '그 경험이 지금의 상황에 어떤 영향을 미치고 있나요?'

구체적 실행이 필요할 때: 행동주의 코칭

- 상황: 고객이 목표를 정했지만 실천하지 못하고 있다.
- 코칭 접근법: 구체적인 실행 계획을 세우고 행동 변화를 이끌어 낸다.
- 질문 예시

  '이 목표를 달성하기 위해 당장 실천할 수 있는 작은 행동은 무엇인가요?'

  '그 행동을 실천할 때마다 스스로에게 어떤 보상을 하겠습니까?'

고객의 가치와 자기 수용을 탐구해야 할 필요가 있을 때: 인본주의 코칭

- 상황: 고객이 삶에서 방향성을 잃고 무기력함을 느끼고 있다.
- 코칭 접근법: 삶의 의미와 가치를 탐구하여, 자기 수용을 높이고 동기 부여를 강화한다.

- 질문 예시

'삶에서 가장 중요하게 생각하는 가치는 무엇인가요?'

'그 가치를 실현하기 위해 무엇이 필요하다고 느끼나요?'

현재 감정의 탐구가 필요할 때: 게슈탈트 코칭

- 상황: 고객이 스트레스를 느끼며 불안을 호소하고 있다.
- 코칭 접근법: 현재 순간에 대한 자각을 높이고, 고객이 자신의 감정과 신체적 반응을 명확히 인식하도록 돕는다.
- 질문 예시

'이 상황에서 느끼는 감정을 떠올릴 때, 몸에서 뭐가 느껴지나요?'

'그 감정을 색깔이나 모양으로 표현한다면 어떤 모습인가요?'

부정적 사고를 긍정적으로 재구성해야 할 필요가 있을 때: 인지행동 코칭

- 상황: 고객이 부정적인 사고로 인해 스스로를 제한하고 있다.
- 코칭 접근법: 부정적인 사고를 현실적이고 균형 잡힌 사고로 재구성하여 고객의 행동과 감정에 긍정적 변화를 가져온다.
- 질문 예시

'그 생각의 근거는 무엇인가요?'

'그 생각을 다른 시각에서 본다면 어떤 가능성이 보일까요?'

고객의 강점과 가능성을 강화해야 할 필요가 있을 때: 긍정심리 코칭

- 상황: 고객이 자신감을 잃고, 자신의 강점을 제대로 인식하지 못

하고 있다.

- 코칭 접근법: 고객의 강점과 긍정적 자원을 발견하고, 이를 바탕으로 도전 의욕을 북돋아준다.
- 질문 예시

'지금까지 가장 자랑스러웠던 순간은 언제인가요? 그때 발휘한 강점은 무엇인가요?'

'그 강점을 이 상황에서 어떻게 활용할 수 있을까요?'

특정 주제에 대해, 반드시 특정 접근법을 선택해야 하는 건 아니다. 앞의 사례는 하나의 예시일 뿐이다.

다음 예시에서 보는 것처럼 동일한 주제와 동일한 상황에 대해서도 코치에 따라 다른 접근법을 선택할 수 있다.

(동일한 상황) 고객이 직장에서 대인관계에 어려움을 겪고 있다.

- 정신역동 코칭 접근법

'예전에도 이와 비슷한 경험을 한 적이 있나요?'

'지금 느끼는 감정이 과거의 어떤 사건과 연결되어 있을까요?'

- 행동주의 코칭 접근법

'이 상황에서 얻고 싶은 결과는 구체적으로 무엇인가요?'

'그걸 얻기 위해 구체적으로 어떤 행동을 해야 할까요?'

- 인본주의 코칭 접근법

'이 관계에서 고객님에게 진짜로 중요한 것은 무엇인가요?'

'이 관계를 개선하는 것이 고객님에게 어떤 의미가 있나요?'

- 게슈탈트 코칭 접근법

'이 관계를 생각할 때, 지금 몸에서 뭐가 느껴지나요?'

'이 관계에서 뭐가 가장 불편하게 느껴지나요?'

- 인지행동 코칭 접근법

'지금의 관계를 어렵게 느끼는 생각의 근거가 뭔가요?'

'그 생각이 사실이라고 확신할 수 있나요?'

- 긍정심리 코칭 접근법

'대인관계에서 성공적이었던 순간을 떠올려보세요. 그때 어떻게 했습니까?'

'지금의 관계를 위해, 고객님의 어떤 강점을 활용할 수 있을까요?'

이 예시에서 보는 것처럼 같은 주제, 동일한 상황이라 하더라도 코치가 어떻게 접근하는지에 따라 코칭 내용은 완전히 달라진다. 코칭은 고객의 주제에 대해, 고객이라는 존재와 코치라는 존재가 함께 어우러져서 만들어내는 연주이기 때문이다.

코치가 어떤 질문을 하는지에 따라 '코칭의 판'이 완전히 달라진다는 걸 알고 있는 코치는 아무 질문이나 함부로 하지 않는다.

어떤 질문을 할 것인지, 어떤 코칭 접근법을 선택할 것인지를 결정하는 것은 코치의 알아차림과 통찰에 달려 있다. 코치의 알아차림과 통찰은 각 접근법에 대한 이해의 정도와 숙련도에 따라 달라질 것이다.

실제로 어떤 방식으로 코칭이 진행되는지 대화 예시를 통해 살펴보자. (이것 또한 하나의 예시일 뿐, 정해진 답은 아니다.)

사례 1. 삶의 균형을 찾고 싶은 워킹맘

상황: 고객은 직장과 가정 사이에서 균형을 맞추지 못해 스트레스를 받고 있다. 가정과 직장에서 모두 만족감을 느끼고 싶지만, 시간과 에너지가 부족하다고 느끼고 있다.

세션 시작

코치   오늘 어떤 이야기를 해볼까요?

고객   직장과 가정 사이에서 균형을 맞추는 게 너무 힘들어요. 둘 다 제대로 못 하고 있는 거 같아서 스트레스를 많이 받고 있어요.

코치   직장과 가정에서 모두 최선을 다하려고 하지만, 그게 쉽지 않아서 스트레스를 느끼고 계시군요.

고객   예, 그렇습니다.

코치   오늘 대화를 통해 뭘 얻고 싶으세요?

고객   제가 왜 이렇게 힘든지 이해하고, 조금이라도 나아질 방법을 찾고 싶어요.

현재 감각 탐구: 게슈탈트 코칭

코치   지금 이 상황을 떠올릴 때, 몸에서 뭐가 느껴지나요?

고객	어깨와 목이 뻐근하고, 머리가 무거운 느낌이에요. 마음은 답답하고, 숨쉬기도 어렵게 느껴질 때가 있어요.
코치	그 감각을 조금 더 자세히 살펴보면 어떤 색깔이나 모양으로 표현할 수 있을까요?
고객	회색 구름 같아요. 머리 위에서 저를 짓누르는 것 같은 느낌이에요.
코치	그 회색 구름은 고객님에게 어떤 메시지를 주나요?
고객	너무 욕심부리지 말라고 하는 거 같아요. 하지만 또 한편으론 더 잘하라고 채찍질하는 거 같기도 해요.

가치와 우선순위 탐구: 인본주의 코칭

코치	고객님이 삶에서 가장 중요하게 생각하는 가치는 무엇인가요?
고객	가족과 함께 시간을 보내는 게 가장 중요해요. 하지만 직장에서의 성취도 포기하고 싶지 않아요.
코치	가족과 직장 모두 고객님께 소중하군요. 이 두 가지 가치를 더 잘 실현하기 위해 뭐가 필요하다고 생각되나요?
고객	모든 걸 완벽하게 하려는 욕심을 내려놓고, 중요한 일부터 집중하는 게 필요할 거 같아요.

강점 탐구와 긍정적 정서 구축: 긍정심리 코칭

코치	좋습니다. 그동안 고객님께서 가족과 직장 모두에서 발휘했

던 강점은 무엇인가요?

고객 책임감과 끈기요. 저는 맡은 일을 끝까지 해내려고 노력하고, 가족을 위해 늘 헌신하려고 했어요.

코치 그 책임감과 끈기가 고객님을 지금까지 이끌어왔군요. 그 강점이 지금의 어려움을 극복하는 데는 어떤 도움이 될 수 있을까요?

고객 책임감도 중요하지만, 다른 사람에게 도움을 요청할 줄 아는 것도 중요하다고 생각해요.

구체적 행동 계획 수립: 행동주의 코칭

코치 훌륭한 통찰이네요. 그렇다면 가정과 직장의 균형을 맞추기 위해 지금 당장 시도할 수 있는 작은 행동은 무엇인가요?

고객 직장에선 동료들에게 업무 분담을 요청해보고, 가정에선 아이들에게 간단한 집안일을 해달라고 부탁해볼 수 있을 거 같아요.

코치 아주 좋은 계획이군요. 그걸 실천하는 데 예상되는 어려움은 무엇일까요?

고객 처음엔 저의 요청에 대해 어색해하겠지만, 진정성을 가지고 이야기를 하면 그들도 잘 들어줄 거 같아요.

코치 진정성이 중요하군요.

고객 그렇습니다. 평소에 제가 관계를 잘해왔기 때문에 가능할 거 같아요.

세션 마무리

코치 오늘 대화를 통해 무엇을 느꼈나요?

고객 제가 모든 걸 혼자 해야 한다는 부담감을 내려놓고, 도움을 요청할 수 있다는 걸 깨달았어요. 그리고 제 강점을 활용하면서도 조금 더 여유를 가질 수 있을 거 같아요.

코치 중요한 통찰을 얻으셨네요.

이 코칭 대화는 하나의 주제에 대해, 하나의 코칭 세션에서, 다음과 같은 다양한 코칭 접근법을 적절하게 선택해서 코칭을 진행했다.

- 게슈탈트 코칭 접근법으로 고객이 현재 순간에 느끼는 스트레스와 감각을 탐구하여 자각을 높였다.
- 인본주의 코칭 접근법으로 삶에서 중요한 가치와 우선순위를 재발견하도록 돕고, 자기 수용을 강화했다.
- 긍정심리 코칭 접근법으로 고객의 강점을 활용하여 긍정적 정서를 구축하고 가능성을 탐구했다.
- 행동주의 코칭 접근법으로 구체적이고 실행 가능한 행동 계획을 수립했다.

하나의 코칭 세션을 진행하면서, 하나의 코칭 접근법만으로 끝까지 코칭을 진행하는 경우는 흔하지 않을 것이다. 앞의 예시처럼, 고객이 꺼내는 주제에 따라, 고객 상황의 변화에 따라 그에 적합한 다양한 코칭 접근법을 선택할 것이다. 어떤 접근법을 선택할 것인지는 코치의 숙련도와 통찰에 달려 있다.

사례 2. 경력 정체감을 느끼는 직장인

상황: 고객은 현재 직장에서 8년 동안 근무하며 성과를 인정받아왔으나, 최근 몇 년간 스스로 발전이 없다고 느끼고 정체감에 빠져 있다. 동기부여가 되지 않고, 앞으로의 방향에 대해 막연한 불안감을 느끼고 있다.

세션 시작

코치 오늘 어떤 이야기를 나누고 싶은가요?

고객 현재 직장에서 성과는 내고 있지만, 몇 년째 제자리인 거 같아요. 더 이상 성장하지 못하고 있다는 생각에 무기력해요.

코치 몇 년째 제자리인 거 같아서 답답함과 무기력을 느끼는군요.

고객 예, 그렇습니다.

코치 오늘 대화를 통해 뭘 얻고 싶으세요?

고객 제가 왜 이렇게 느끼는지, 그리고 앞으로 뭘 해야 할지 방향을 찾고 싶어요.

자기 탐구: 인본주의 코칭

코치 고객님이 현재의 일에서 가장 중요하게 생각하는 가치는 무엇인가요?

고객 저는 성장과 도전이 중요해요. 새로운 걸 배우고, 제 역량을 계속 키우는 게 좋아요.

코치 그 성장과 도전의 가치를 지금은 얼마나 충족하고 있나요?

고객 거의 충족되지 않는 거 같아요. 반복되는 업무에서 벗어나지 못하고 있는 느낌입니다.

코치 그 가치가 잘 충족되고 있는 모습을 상상해본다면, 어떤 모습 인가요?

고객 새로운 프로젝트를 맡아서 더 큰 성과를 내는 모습이 떠오릅 니다.

강점 탐구: 긍정심리 코칭

코치 지금까지 고객님의 경력에서 가장 자랑스러웠던 순간을 떠 올려보시겠어요?

고객 3년 전에 큰 제품 런칭 프로젝트를 성공적으로 마쳤던 게 기 억납니다. 그때 팀을 이끌면서 좋은 성과를 냈습니다.

코치 그 프로젝트에서 고객님이 발휘했던 강점은 뭐였나요?

고객 리더십과 문제 해결 능력이었습니다. 어려운 상황에서도 팀 을 이끌며 좋은 결과를 만들어냈습니다.

코치 그 강점들을 현재 상황에선 어떻게 발휘할 수 있을까요?

고객 새로운 역할을 맡을 수 있도록 더 적극적으로 도전해볼 수 있 을 거 같아요.

실행 계획 도출: 행동주의 코칭

코치 새로운 역할을 맡기 위해선 뭘 해야 하나요?

고객 제가 새로운 역할을 맡으려면 상사의 도움이 필요하기 때문에, 상사에게 면담을 요청해야 할 거 같습니다.

코치 상사와의 면담을 잘하려면 어떤 준비가 필요한가요?

고객 제가 예전에 이뤘던 성과와 앞으로 제가 기여할 수 있는 내용을 잘 정리해서 상사의 마음을 움직일 수 있도록 해야 할 거 같습니다.

코치 언제 상사와 면담할 예정인가요?

고객 다음 주에는 만나야 할 거 같습니다.

내적 장애물 탐구: 인지행동 코칭

코치 좋습니다. 혹시 면담을 앞두고 예상되는 장애는 무엇인가요?

고객 상사가 안 된다고 반대할 거 같아요.

코치 상사가 반대할 거라는 생각의 근거는 뭔가요?

고객 지금 일도 잘하지 못하면서 새로운 일을 맡겠다고 하면 짜증을 낼 거 같아요.

코치 그 생각이 사실이라고 확신할 수 있을까요?

고객 잘 모르겠어요. 돌이켜보면, 제 상사는 저를 신뢰하고, 저를 인정해주는 편이에요. 제가 지레짐작으로 겁먹고 있는 건지도 모르겠어요.

코치 상사가 반대할지 찬성할지는 알 수 없다는 말로 들리네요.

고객 그렇습니다.

코치 그렇다면 지금 이 상황에서 생각해볼 수 있는 긍정적인 행동은 뭘까요?

고객 상사의 마음을 움직일 수 있도록 잘 준비해서 면담을 요청하는 게 좋을 거 같아요. 지레짐작으로 시도해보지도 않고 포기하는 거보다, 일단 시도를 해보면 새로운 가능성이 열릴 수도 있을 거 같아요.

세션 마무리

코치 오늘 대화를 통해 무엇을 느꼈나요?

고객 제가 무력감을 느끼고 있는 이유가 도전과 성장이라는 제 가치와 연결되지 않았기 때문이라는 걸 알게 됐습니다. 그리고 지레짐작으로 포기하지 않고, 일단 시도를 해야 새로운 가능성이 열린다는 걸 깨달았습니다.

코치 중요한 통찰을 얻으셨네요.

이 코칭 대화는 다음과 같은 코칭 접근법을 선택해서 코칭을 진행했다.

- 인본주의 코칭 접근법으로 고객의 가치와 의미를 탐구하고 내면의 동기를 발견했다.
- 긍정심리 코칭 접근법으로 강점을 재발견하고 이를 경력 발전에

활용할 방법을 탐구했다.

- 행동주의 코칭 접근법으로 구체적인 실행 계획을 수립했다.
- 인지행동 코칭 접근법으로 부정적인 사고를 재구성하여 긍정적이고 현실적인 관점을 형성했다.

사례 3. 스트레스와 불안감을 느끼는 직장인

상황: 고객은 지속적인 스트레스와 불안감으로 집중력이 떨어지고, 몸과 마음 모두 피로를 느끼고 있다. 원인을 잘 알지 못하고 있으며, 반복적으로 부정적인 감정에 휩싸인다.

세션 시작

코치 오늘 어떤 이야기를 해볼까요?

고객 요즘 스트레스를 너무 많이 받고 있어요. 몸도 피곤하고 일도 집중이 잘 안 됩니다. 왜 이런지 모르겠어요.

코치 스트레스를 많이 받고 있는데 그 원인을 알고 싶으신 거군요.

고객 예, 그렇습니다.

코치 오늘 대화를 통해 뭘 얻고 싶으세요?

고객 제가 왜 이렇게 느끼는지 이해하고 조금이라도 편안해질 방법을 찾고 싶어요.

현재 순간 탐구: 게슈탈트 코칭

코치 좋습니다. 지금 이 순간, 스트레스를 떠올릴 때 몸에서 뭐가 느껴지나요?

고객 어깨와 목이 뻐근하고, 가슴이 답답한 느낌이에요.

코치 그 뻐근함과 답답함을 조금 더 자세히 살펴보세요. 그 느낌을 색깔이나 모양으로 표현할 수 있다면 어떤 모습인가요?

고객 검은 돌덩이 같은 느낌이에요. 가슴 한가운데를 누르고 있는 거 같아요.

코치 그 검은 돌덩이가 고객님에게 어떤 메시지를 주나요?

고객 '쉬지 말고 계속 움직여라, 멈추면 안 된다'고 말하는 거 같아요.

과거 경험 연결: 정신역동 코칭

코치 그 메시지를 들으니 어떤 감정이 드나요?

고객 뭔가 잘못되어가고 있다는 느낌도 들고, 정말 쉬어도 되는 건지 불안한 마음이 들기도 하고, 힘들고 혼란스러워요……

코치 이런 감정을 예전에도 느껴본 적이 있나요?

고객 어릴 때 부모님이 항상 더 노력해야 한다고 말씀하셨던 기억이 떠오릅니다. 제가 쉬고 있으면 '노력하지 않는 사람은 절대 성공할 수 없다'고 하셨어요.

코치 그때의 경험이 지금의 고객님에게 영향을 주고 있는 거군요?

고객 제가 스스로를 쉬지 못하게 하고 늘 뭔가를 해야 한다는 강박을 만드는 거 같아요.

통찰과 선택 탐구: 긍정심리 코칭

코치 혹시 그 강박의 긍정적인 영향이 있다면, 무엇일까요?

고객 부지런히 움직이게 만들고 목표를 향해 열심히 노력하게 한다는 점에선 긍정적인 면이 있는 거 같네요.

코치 그 강박을 긍정적으로 활용할 수 있다면 어떤가요?

고객 더 효율적으로 일하고, 더 효과적으로 쉴 수 있는 방법을 찾고 싶어요.

실행 계획 수립: 행동주의 코칭

코치 그렇게 되기 위해 필요한 게 있다면 무엇일까요?

고객 하루 30분이라도 업무에서 벗어나 산책하고 쉴 수 있는 시간이 필요할 거 같아요.

코치 언제부터 시작할 생각인가요?

고객 내일부터 당장 시작하겠습니다.

코치 하루 30분 동안 쉬거나 산책을 하는 데 있어서 예상되는 장애는 무엇일까요?

고객 시간을 확보해야 하는데, 그게 쉽지 않을 거 같긴 해요. 그래도 이왕 마음먹은 거 꼭 실천해보도록 하겠습니다.

세션 마무리

코치 오늘 대화를 통해 무엇을 느꼈나요?

고객 제가 느끼는 스트레스와 강박이 과거 경험에서 왔다는 걸 알게 됐습니다. 그리고 그 강박이 저를 보호하려는 의도도 있다는 걸 이해하면서, 이젠 제가 스스로 선택해서 쉴 수도 있다는 자신감이 생겼습니다.

코치 중요한 통찰을 얻으셨네요.

이 코칭 대화는 다음과 같은 코칭 접근법을 선택해서 코칭을 진행했다.

- 게슈탈트 코칭 접근법으로 현재 순간의 신체적, 정서적 반응을 탐구하여 스트레스의 구체적 느낌과 메시지를 인식했다.
- 정신역동 코칭 접근법으로 과거 경험과 현재 행동의 연결성을 탐구하여 강박의 근원을 이해했다.
- 긍정심리 코칭 접근법으로 강박의 긍정적 측면을 받아들이면서 현재 상황에서 선택 가능한 새로운 행동을 모색했다.
- 행동주의 코칭 접근법으로 행동 계획을 수립했다.

앞의 사례에서 살펴본 코칭 접근법을 선택하는 방법이 '이 상황에선 이 질문을 해야지', '이 상황에선 이 접근법을 선택해야지' 하는 식으로 진행되는 건 아니다.

고객의 말을 들으면서 즉각적으로 '지금은 정신역동 코칭 접근법이 좋겠구나' 또는 '지금은 긍정심리 코칭 접근법이 좋겠는걸' 하는 알아차림이 일어난다. 그래서 자연스럽게 그 접근법의 질문을 하게 된다.

이 모든 과정이 찰나에 일어난다. 단 1초도 걸리지 않는다.

찰나에 특정 접근법을 선택하고, 그에 맞는 특정 질문이 저절로 떠오르려면, 평소에 각 접근법의 내용과 특징을 익히고 숙달하는 게 매우 중요할 것이다.

코치가 어떤 접근법을 선택하는지, 어떤 질문을 하는지에 따라 코칭의 내용이 완전히 달라질 수 있다는 걸 결코 가벼이 여겨선 안 된다.

제9장

심리학은 코치에게
무엇을 주는가

심리학은 다양한 렌즈를 제공한다

코칭은 단순히 목표를 달성하는 걸 넘어서서, 사람을 이해하고 성장
하도록 돕는 전체적인 과정이다. 이 과정에서 심리학은 고객을 깊이
이해하고, 적합한 질문을 할 수 있는 안목을 키워준다. 심리학은, 고
객이 가져온 이슈의 내면에 뭐가 있는지를 포착하고 생각과 감정,
행동이 어떻게 연결되어 있는지 이해하는 렌즈를 제공한다.

다음과 같이 동일한 상황을 다르게 볼 수도 있고, 같은 말도 다르게
해석할 수도 있는 여러 개의 관점을 제공한다.

- 정신역동 심리학의 렌즈

  '과거의 경험이 지금의 선택에 어떤 영향을 미치고 있을까?'

  고객이 같은 실수를 반복하거나 특정 관계에서 어려움을 느낄 때:

  과거의 경험(특히 어린 시절)과 무의식적 패턴을 떠올리게 한다.

- 행동주의 심리학의 렌즈

  '작은 행동부터 시작해볼 수 있을까?'

  고객이 막막해하거나 자꾸 미루는 경우: 행동주의 심리학은 실행

  가능한 작은 행동으로 변화의 첫걸음을 내딛게 돕는다.

- 인본주의 심리학의 렌즈

  '이 사람이 진짜로 원하는 건 뭘까?'

  고객이 어떤 목표나 결과에 집착할 때: 그 목표가 자신이 진정으

  로 원하는 것인지 살펴보게 한다.

- 게슈탈트 심리학의 렌즈

  '지금 이 순간, 고객은 무엇을 느끼고 있을까?'

  고객이 미래에 대한 걱정을 너무 많이 하거나 과거 문제에서 벗

  어나지 못할 때: 현재에 집중할 수 있도록 지금 이 순간의 몸과 감

  정에 초점을 맞춘다.

- 인지행동 심리학의 렌즈

  '고객의 어떤 생각이 이 상황을 이렇게 만들고 있을까?'

  고객이 습관적으로 자신을 비난하거나 부정적으로 생각할 때: 그

  생각이 어떤 결과를 만드는지 돌이켜보게 하고, 그 생각의 근거

  가 무엇인지 확인함으로써, 고객의 인지를 재구성한다.

- 긍정심리학의 렌즈

'이 사람이 가진 강점은 뭘까?'

고객이 자신감을 잃고 있을 때: 약점을 고치려고 하기보다, 강점
을 더 강화하여 이미 잘하고 있는 것을 더 잘할 수 있도록 돕는다.

심리학은 이러한 다양한 렌즈를 통해, 특정 상황에 대해 다양한 관
점으로 고객을 이해하고 코칭을 할 수 있는 역량을 키워준다.

상황에 맞게 렌즈를 바꿔 끼는 유연함이 필요하다

앞의 사례에서 살펴본 것처럼 코치는 한 가지 접근법에만 머물지 않
고 상황에 맞게 렌즈를 바꿔가며 코칭한다.

- 어떤 상황에선 과거 경험을 탐색하는 질문(정신역동)을 하고,
- 어떤 상황에선 지금 당장 할 수 있는 일을 찾는 질문(행동주의)을
  한다.

코치는 고객의 말 뒤에 숨어 있는 맥락을 잘 읽고 다양한 질문을 자
유롭게 할 수 있는 유연함이 있어야 한다.

예를 들어,

고객이 "회사에서 인정받고 싶어요"라고 하면⋯⋯

- 정신역동 질문: 어릴 때 주로 어떤 인정을 받았나요?

- 행동주의 질문: 인정을 받기 위해 할 수 있는 작은 행동은 무엇일까요?
- 인본주의 질문: 인정받는다는 것은 고객님에게 어떤 의미인가요?
- 게슈탈트 질문: 인정받고 싶다는 생각을 하니까, 지금 몸에서 뭐가 느껴지나요?
- 인지행동 질문: 인정받고 싶다는 것과 관련하여, 최근에 어떤 일이 있었나요?
- 긍정심리 질문: 지금까지 인정받았던 순간들을 떠올려보면, 고객님의 어떤 강점이 발휘됐나요?

이런 식으로, 어떠한 주제를 만나면 상황에 맞게 다양하게 질문할 수 있는 유연함과 자유로움이 있어야 할 것이다.

코치들이 빠지기 쉬운 함정

심리학을 알고 나면 자연스럽게 고객을 분석하려는 태도가 생길 수 있다.

'이 사람은 아마도 아버지와의 관계에서 이런 상처가 있었겠구나.'

'이건 완벽주의 성향 때문일 거야.'

이렇게 머릿속으로 분석하는 습관이 생기면 자칫하면 코칭 대화의 흐름을 놓칠 수 있다. 코치가 분석에 매몰되면 고객과의 연결이 끊어지고 코칭 대화가 코치의 머릿속에서만 흘러간다.

코치는 고객을 분석하는 게 아니라 몸으로 느낄 수 있어야 한다. 고객의 말을 들으면서 찰나에 직관이 떠오르고, 찰나에 질문이 떠오를 수 있을 정도로, 질문과 심리학에 대한 학습이 체화되어 있어야 한다.

고객이 "왜 제가 이런 실수를 반복하는지 알 거 같아요. 어릴 때 부모님 때문에 그런 거 같아요"라고 말했을 때, 코칭은 거기서 멈추지 않는다.

코칭은 '그렇다면 앞으론 어떻게 하고 싶은가요?'라는 질문으로 현재와 미래로 다시 초점을 돌린다.

- 과거 이해 – 왜 그런지 알 거 같아요.
- 현재 선택 – 그래서 지금 무엇을 할 수 있을까요?
- 미래 모습 – 앞으로 어떻게 되고 싶은가요?

코치는 고객을 분석하기에 앞서 고객을 몸으로 느낄 수 있어야 하고, 과거에 머물지 않고 현재와 미래의 변화와 성장으로 나아갈 수 있어야 한다.

코치는 고객에 대한 심리학적 이해를 넘어서 고객을 앞으로 더 나아가게 할 수 있어야 한다.

심리학이 주는 선물

심리학의 다양한 관점들을 이해하게 되면 코치는 사람을 더 입체적으로 볼 수 있는 눈을 가지게 되고 적합한 질문을 찾아낼 줄 아는 감각이 생긴다. 코치는 심리학을 통해 고객의 말 너머에 있는 고객의 삶 전체를 볼 수 있는 능력을 키울 수 있다.

심리학은 코치에게……

• 고객을 바라보는 다양한 관점의 렌즈를 제공한다.
• 상황에 적합한 질문을 할 수 있는 능력을 준다.
• 고객의 삶 전체를 보는 감각을 키워준다.
• 결과적으로 심리학은 코칭을 더 '깊고 넓게' 만들어준다.

지금까지 코칭이 심리학을 만나면 어떤 일이 생길지에 대해 코칭 질문의 관점에서 살펴보았다. 이런 노력들을 통해 더욱 '유연하고 자유롭게' 코칭을 할 수 있는 역량이 키워지길 기대한다.

다음 장에선 실제 코칭 현장에서 사용되고 있는 코칭 질문의 사례를 통해 코칭 질문의 배경과 맥락에 대해 살펴보기로 하겠다.

제2부

실전 코칭의 주요 질문

실제 코칭에서 자주 사용되는 질문들은 상황에 따라 다르지만, 다음
질문들은 다양한 코칭 상황에서 '약방의 감초'처럼 자주 사용된다.

'진짜로 원하는 게 뭔가요?'

'이 목표를 달성하면 삶이 어떻게 달라지나요?'

'지금 마음이 어떠세요?'

'그건 어떤 의미인가요?'

'고객님은 어떤 분인가요?'

'지금 뭐가 가로막고 있나요?'

'당장 실천할 수 있는 작은 행동은 무엇인가요?'

'무엇을 실천하겠습니까? 그리고 또?'

이 질문들은 아주 강력한 힘을 가지고 있고 실제로 자주 사용되고 있지만, 맥락에 맞지 않게 사용하면 오히려 코칭의 효과를 떨어뜨리고 신뢰와 안전감을 해치기도 한다.

'지금 이야기한 내용을 한 문장으로 요약한다면, 어떻게 요약할 수 있을까요?'
이 질문은 고객이 많은 이야기를 하고 난 후에, 요점을 정리해야 할 필요가 있을 때 사용하는 질문이다.
요약 정리에 사용해야 하는 이 질문을 대화 초기에 사용하지는 않는다. 만약 아직 충분하게 대화를 나누지 못한 대화 초기에 이 질문을 한다면, 이 질문은 '그만 말하세요'라고 말하는 것처럼, 상대방의 말을 끊어버리는 역할을 할 것이다.
반대로, '조금 더 자세하게 말해주세요'라는 말은 고객에게 호기심을 보이고, 고객으로 하여금 더 많은 이야기를 하게 함으로써 내면을 깊이 탐색하게 하는 효과가 있다.

'지금 코칭이 원하는 방향으로 제대로 진행되고 있나요?'
이 질문은 코칭 세션의 진행 상황을 점검하고 방향성을 확인하기 위한 것이다. 그러나 코칭을 시작한 지 얼마 되지 않은 세션 초기에 이 질문을 한다면 고객은 뭔가 잘못된 게 아닌가 하고 당황할 수 있다.
반대로, 세션이 마무리되는 시점에 이 질문을 하는 것도 고객에게 혼란을 줄 것이다.

이처럼 모든 질문은 맥락에 맞아야 한다. 맥락에 맞지 않는 질문은 관계를 어색하게 만들고 코칭의 효과를 떨어뜨린다.

질문은 그 자체로 좋은 질문과 나쁜 질문을 구분하기는 어렵다. 예를 들어 '진짜로 원하는 게 무엇인가요?' 하는 질문은 고객으로 하여금 자신의 내면을 돌이켜보게 할 때는 아주 좋은 질문이다. 그런데 코칭을 시작하면서 '진짜로 원하는 것이 무엇인가요?'라고 물으면 황당한 질문이 될 것이다.

질문은 맥락에 따라 좋은 질문이 될 수도 있고, 그렇지 않을 수도 있다. 질문은 맥락 속에서 비로소 살아 숨 쉰다.

다음 질문들은 실전 코칭에서 자주 사용되는 중요한 질문들이다.

- 그동안 어떻게 지냈습니까?
- 오늘 어떤 시간이 되기를 원합니까?
- 오늘 어떤 이야기를 해볼까요?
- 조금 더 자세하게 말해주세요.
- 이 주제를 생각하게 된 계기가 무엇인가요?
- 지금 마음이 어떠세요?
- 지금 어떤 감정이 느껴지나요?
- 지금 몸에서 뭐가 느껴지나요?
- 그건 어떤 의미인가요?
- 고객님은 어떤 사람인가요?

- 지금 코칭이 제대로 진행되고 있나요?

- 그건 주제와 어떻게 연결되나요?

- 구체적으로 무엇을 하겠습니까? 그리고 또?

- 주위를 둘러보세요. 뭐가 보이나요?

- 그것을 실행하는 데 고객님의 어떤 강점을 사용하겠습니까?

- 오늘 코칭을 마무리해도 될까요?

- 오늘 코칭에서 어떤 것이 의미가 있었나요?

지금부터 이 질문들의 배경과 맥락에 대해 자세히 살펴보기로 하자.

코칭 시작하기 단계는 고객이 편안하게 자신의 내면을 드러낼 수 있는 안전한 분위기를 만들고, 코칭 대화를 통해 무엇을 얻고 싶은지에 대해 합의를 이루어가는 과정이다. 이 과정에서 주로 사용하는 질문들의 배경과 맥락에 대해 살펴보자.

그동안 어떻게 지냈습니까?

코칭을 시작할 때 코치는 어떻게 하면 편안한 대화 분위기를 만들 수 있을지 고민한다. 어떤 코치는 날씨 이야기를 하기도 하고 어떤 코치는 안부를 묻기도 한다. 나는 주로 '그동안 어떻게 지냈습니까?'

라는 질문을 한다. 고객은 처음엔 뭘 말해야 좋을지 잠시 망설이다가 곧 이야기를 꺼낸다.

내가 이 질문을 하는 이유는 고객으로 하여금 자연스럽게 자신의 무의식을 살펴보게 하기 위함이다.

게슈탈트 심리학에선 인간의 경험을 전경과 배경의 상호작용으로 설명한다. 전경은 현재 순간에서 인식되는 요소를 말하고, 배경은 인식되지 않거나 주변에 머무르는 요소들을 말한다. 고객은 이 질문을 받는 순간, 자신이 어떻게 지냈는지 생각한다. 전경이 된다. 전경이란 그 순간에 중요한 관심으로 떠오르는 것이다. 이를 달리 표현하면, 질문하는 곳으로 에너지가 흐른다고 말한다.

"그동안 어떻게 지냈습니까?" 하고 물으면 주로 이런 대답들이 나온다.

"정신없이 바쁘게 지낸 거 같습니다."

"지난 주말에 여행을 다녀왔습니다."

"요즘 실적이 나빠서 정말 힘들게 지내고 있습니다."

"스트레스를 많이 받아서 힘이 듭니다."

이 질문을 받으면 고객은 자신의 애로 사항이나 욕구 등을 말한다.

게슈탈트 심리학에선 해결되지 않은 경험을 미해결 과제라 부른다. 이 질문은 고객으로 하여금 해결되지 않은 문제 또는 해결하고 싶은 과제 등을 떠올리게 함으로써 자연스럽게 코칭 대화의 초점을 맞춰 주는 효과가 있다.

다음과 같은 질문으로 시작하는 코치들도 있다.

'그동안 어떤 보람 있는 일이 있었나요?'

'그동안 어떤 감사한 일이 있었나요?'

'그동안 어떤 의미 있는 일이 있었나요?'

'그동안 어떤 즐거운 일이 있었나요?'

이 질문들은 긍정심리학을 배경으로 하고 있다.

인간은 긍정적인 감정, 성취감, 보람, 의미 등을 더 많이 경험할수록 생각의 질이 더 높아지고 실행력도 강화된다는 게 긍정심리학의 믿음이다.

긍정심리학에 기반한 코치들은 코칭 대화의 에너지를 끌어올리고, 생각의 질을 높이며, 실행력을 강화하기 위한 목적으로 이 질문들을 사용한다.

이 질문은 다음과 같이 사용할 수 있다.

코치 그동안 어떻게 지냈습니까?

고객 (잠시 생각하다가) 정신없이 바쁘게 지낸 거 같습니다.

코치 많이 바쁘셨군요? 지금은 어떠신가요?

고객 지금도 여전히 바쁘게 지내고 있습니다.

코치 주로 어떤 일로 바쁘게 지내나요?

고객 한두 가지가 아닙니다. 실적은 나쁘고, 위에선 압박하고, 직원들은 잘 움직이지 않아서, 모든 걸 제가 직접 처리하느라 정신이 없습니다.

코치	모든 걸 고객님이 직접 처리하려면 많이 힘드시겠군요. 빨리 상황이 좋아지면 좋겠습니다. 앞으로는 어떨 거 같나요?
고객	(한숨을 쉬며) 앞으로도 별로 좋아질 거 같지는 않습니다. (잠시 머뭇거리다가) 그런데 코치님은 이런 경우가 없었나요? 코치님은 이럴 때 어떻게 했나요? 코치님의 경험을 듣고 싶네요······.
코치	이런 상황에서 어떻게 하면 좋을지 방법을 알고 싶다는 거군요.
고객	예, 코치님의 도움을 받고 싶습니다.
코치	예, 잘 알겠습니다. 그런데 오늘 이야기를 나누고 싶었던 주제가 혹시 다른 게 있었는지요? 아니면 지금 이 주제에 대해 계속 이야기를 하고 싶은지요?
고객	일단 이 주제에 대해 먼저 이야기를 하고 싶습니다. 제가 오늘 다루고 싶었던 주제도 이것과 연결되어 있으니까요.
코치	예, 잘 알겠습니다. 혼자서 이렇게 바쁘게 모든 일을 직접 처리하고 있는 고객님의 모습을 생각하면 어떤 감정이 드나요?
고객	짠하기도 하고······ 화가 나기도 하고······ 살짝 쾌감도 있고······ 뭔가 감정이 뒤죽박죽이네요. 지금 생각해보면 이런 상황을 제가 즐기는 것 같기도 해요.
코치	지금 이 말을 하는 순간에는 어떤 감정이 드나요?

(이하 생략)

앞의 대화처럼 "그동안 어떻게 지냈습니까?"라고 질문하면 고객은 자신의 상황을 돌이켜보게 되고 자신의 미해결 과제를 떠올린다. 이 과정을 통해 고객의 미해결 과제가 자연스럽게 코칭 대화의 주제가 되기도 한다.

오늘 어떤 시간이 되기를 원합니까?

코칭 대화를 시작하기에 앞서 편안하고 안전한 분위기를 만들기 위한 노력을 하고 난 후에 코치는 "오늘 코칭이 어떤 시간이 되기를 원합니까?"라고 묻는다.

이 질문을 받으면 고객은 코치가 자신을 존중하고 있다고 느낀다. 아울러 코치는 고객이 코칭 세션에서 뭘 얻고 싶은지, 고객의 기대를 파악할 수 있는 계기가 된다.

이 질문은 고객에게 자율성을 제공한다.

자기결정성 이론에 따르면, 사람은 스스로 결정할 때 더욱 동기부여된다고 한다. 코치는 이 질문을 통해 고객의 내적 동기를 유발할 수 있다.

인간은 긍정적인 기대가 분명할 때 에너지가 높아지고 잠재력이 더욱 발휘될 수 있다는 게 긍정심리학의 믿음이다.

'어떤 시간이 되기를 원하는가?'라는 질문은 긍정적인 기대가 무엇인지를 묻는 것이다. 이 질문은 코칭 세션의 분위기를 긍정적으로 시작할 수 있게 해준다.

이 질문은 다음과 같이 사용할 수 있다.

예시 1

코치   오늘 코칭 시간이 어떤 시간이 되기를 원하십니까?

고객   그동안 저에게 있었던 일을 코치님에게 말씀드리고 나서, 코치님의 솔직한 피드백을 받고 싶습니다.

예시 2

코치   오늘 코칭 시간이 어떤 시간이 되기를 원하십니까?

고객   제가 요즘 감정적으로 너무 힘들어서 코치님의 응원과 지지를 받는 시간이 됐으면 좋겠어요.

오늘 어떤 이야기를 해볼까요?

대부분의 코치들은 '오늘 어떤 이야기를 해볼까요?'라는 질문으로 코칭을 시작한다. 이 질문은 코치가 코칭 대화를 마음대로 주도하지 않고 고객에게 자율성을 주겠다는 의지의 표현이다.

자기결정성 이론에 따르면, 사람은 자율적일 때 내적 동기가 강화된다고 한다. 고객이 자율적으로 코칭 주제와 대화 방식을 결정하게 함으로써 고객의 적극적인 참여를 이끌어낼 수 있다.

앞에서 설명한 바와 같이, 게슈탈트 심리학에선 인간의 경험을 전경과 배경의 상호작용으로 설명한다. 전경은 현재 순간에서 의식적으로 인식되는 요소를, 배경은 의식적으로 인식되지 않거나 주변에 머무르는 요소들을 말한다. 어떤 감정이나 문제가 전경으로 떠오를 때 그 문제는 그 순간에 가장 중요한 것이 된다.

'오늘 어떤 이야기를 해볼까요?'라는 질문은 현재 무엇이 가장 중요한지, 즉 전경으로 떠오를 문제를 인식하게 한다. 고객은 이 질문을 통해 여러 가지 생각들 중에서 가장 시급하고 중요한 이슈를 선택할 수 있게 된다.

이 질문은 다음과 같이 사용할 수 있다.

코치 오늘 어떤 이야기를 해볼까요?

고객 요즘 일하면서 스트레스를 너무 많이 받는 거 같아요. 어떻게 하면 스트레스를 줄일 수 있는지, 스트레스 관리 방법에 대해 이야기해보고 싶어요.

코치 스트레스 관리 방법에 대해 이야기를 나누고 싶다고 하셨는데, 이 주제를 다루고 싶은 특별한 계기가 있나요?

고객 요즘 제가 일하면서 직원들에게 짜증을 너무 많이 내고 있고,

집에 가서도 사소한 일에 짜증이 많이 납니다. 이게 모두 스트레스 때문이 아닌가 싶어서요.

코치 짜증을 많이 내는 게 스트레스 때문이라고 생각하시는군요.

고객 그런 거 같아요.

코치 오늘 대화가 끝났을 때, 무엇을 얻고 싶은가요?

고객 제가 왜 짜증을 많이 내는지, 그 이유를 알고 싶고, 스트레스를 적게 받는 방법이 무엇인지 알고 싶어요.

코치 오늘 대화를 통해 짜증을 많이 내는 이유를 알고, 스트레스를 적게 받는 방법이 무엇인지 알고 싶다는 거군요.

고객 예, 그렇습니다.

위와 같이 '오늘 어떤 이야기를 해볼까요?'라는 질문은 고객이 자신의 내면을 탐색하고, 세션의 주제를 스스로 찾아나가는 데 도움을 준다.

이는 고객의 자율성과 주도성을 높이며, 코칭 대화가 자연스럽게 흐르도록 이끄는 중요한 출발점이 된다.

제11장

코칭 진행하기

코칭 진행하기 단계는 고객이 자신을 탐색하고, 새로운 인식과 깨달음을 얻으며, 해결책을 찾아 실행 방안을 구체화하는 과정이다. 이 과정에서 주로 사용하는 질문들의 배경과 맥락에 대해 살펴보자.

조금 더 자세하게 말해주세요

이 요청은 다음의 경우에 주로 사용된다.

- 고객의 표현이 모호할 때
- 고객의 말이 잘 이해되지 않을 때

- 뭔가 말하지 않고 있다고 느껴질 때
- 배경에 뭔가 있다고 느껴질 때
- 고객의 감정 표현이 더 필요하다고 느껴질 때
- 고객의 자기표현을 이끌어내고 싶을 때
- 그 부분이 중요한 포인트라고 여겨질 때
- 그 순간을 포착해서 더 확장하고 싶을 때
- 더 많은 정보가 필요할 때
- 더 깊이 탐구하고 싶을 때
- 그 순간에 이야기되고 있는 것에 초점을 맞추고 싶을 때

고객은 코치의 요청에 대답하는 과정에서 스스로 생각이 정리되기도 하고 성찰이 되기도 한다.
코치는 다음과 같은 방식으로 요청한다.

- 지금 말한 내용을 조금 더 자세하게 말해주실래요?
- 조금 더 구체적으로 말씀해주시겠어요?
- 그때의 느낌을 조금 더 자세하게 말해줄 수 있나요?
- 지금 느껴지는 감정들을 조금 더 자세하게 표현해볼 수 있을까요?
- 지금 그 부분을 조금 더 자세하게 설명해주시겠어요?

이 요청은 다음과 같은 효과가 있다.

──────── 코칭이 심리학을 만났을 때

- 코치가 자신의 말을 잘 듣고 있다고 여긴다.
- 코치의 관심 표현으로 신뢰가 깊어질 수 있다.
- 고객의 자기표현이 강화된다.
- 대화의 흐름이 자연스럽게 연결된다.
- 중요한 것에 초점이 맞추어진다.
- 고객의 무의식에 있는 중요한 내용이 현재 의식으로 드러난다.
- 고객의 무의식을 탐색하는 효과가 있다.
- 고객이 스스로 자신의 내면을 성찰하게 된다.

게슈탈트 심리학에선 부분적인 경험을 전체적인 맥락 속에서 이해하는 걸 중요하게 여긴다. 이 요청은 고객으로 하여금 전체적인 맥락 속에서 자신의 행동과 감정을 인식할 수 있는 기회를 제공한다. '조금 더 자세하게 말해주세요'라는 말은 특별히 더 맥락에 맞게 사용해야 한다.
다음 대화를 살펴보자.

코치   오늘 어떤 이야기를 해볼까요?

고객   제가 요즘 직장에서 사람들과의 관계 때문에 매우 힘든 상태입니다. 직장에서의 인간관계를 어떻게 해야 하는지에 대해 이야기를 나누고 싶습니다.

코치   조금 더 자세하게 말씀해주실래요?

        (이때는 맥락에 맞고, 좋은 요청이다.)

고객 제 동료가 있는데요, 제가 무슨 말만 하면 사사건건 반대하고, 다른 사람들에게 뒷담화를 하고 다닙니다. 그 사람 때문에 정말 힘들고 매일 아침 출근하기가 겁이 나는 상태입니다.

코치 조금 더 자세하게 말해주세요.

(이건 맥락에 맞지 않다. 지금은 자세한 이야기를 들어야 하는 타이밍이 아니라, 공감이 필요한 상황이다. 고객이 힘들어서 출근하기가 겁난다고 하는데, 여기에 대고 '조금 더 자세하게 말해주세요'라고 말해서야 되겠는가? 한발 늦추어야 한다. 공감이 먼저다.)

코치 그 동료 때문에 많이 힘드시겠네요. 얼마나 힘들면 출근하기가 겁이 날 정도겠어요. 제 마음도 덩달아 무거워지네요. 실례가 안 된다면 조금 더 자세하게 말씀해주실래요?

(고객에 대해 충분하게 공감을 표현하고 난 후에, 그다음에 어떤 일이 있었는지를 살펴보는 게 순서다.)

이처럼 '조금 더 자세하게 말해주세요'라는 요청은 사용해야 할 타이밍을 잘 알아야 한다. 공감이 필요한 순간에, 공감 표현을 하지 않고 '조금 더 자세하게 말해주세요'라고 말한다면 코칭 대화의 분위기가 어떻게 되겠는가?

이 주제를 생각하게 된 계기가 무엇인가요?

이 질문을 통해 고객은 자신이 주제를 선택한 이유를 성찰하게 되며 자신의 무의식적인 동기를 살펴보는 계기가 된다.

정신역동 심리학에 따르면, 인간의 행동은 부의식적인 욕구와 갈등에서 비롯된다.

고객은 이 질문을 통해 자신의 무의식적 욕구나 감정적 갈등이 무엇인지 인식할 수 있게 된다.

이 질문은 주제의 이면에 있는 감정적, 상황적 맥락을 파악하게 하는 효과가 있다.

게슈탈트 심리학은 인간의 경험을 전체적으로 통합하여 인식하는 걸 중요하게 여긴다. 이 질문은 고객이 주제를 단편적으로 인식하는 게 아니라, 그 주제와 연결된 더 큰 맥락을 이해하도록 도와준다. 이 과정에서 고객은 자신의 과거 경험과 현재 상황을 종합적으로 인식하게 되고 더 넓은 시야를 갖게 된다.

주제를 선택하게 된 계기를 설명하는 과정에서, 고객은 자신이 어떤 문제에 집중해야 할지 초점을 명확하게 할 수 있다.

이 질문을 다루고 난 후에 연속적으로 하는 질문이 있다. 다음 질문들은 코칭 주제를 정하면서 주로 사용하는 치트키 질문들이다.

• 그게 어떻게 되기를 바라나요?

- 그게 해결되면 어떤 점이 좋은가요?
- 그게 해결되면 삶이 어떻게 될까요?
- 그게 해결된 모습을 은유나 이미지로 표현해보실래요?

이 질문들이 가지고 있는 의미와 효과에 대해 살펴보자.

그게 어떻게 되기를 바라나요?

이 질문은 고객으로 하여금 자신이 원하는 바를 생각하게 함으로써 목표를 명확하게 해주고, 목표에 대한 달성 의지를 강화해준다.

그게 해결되면 어떤 점이 좋은가요?

고객으로 하여금 목표를 달성했을 때의 좋은 점을 생각하게 하는 것은, 그 주제가 자신이 진정으로 해결하기를 원하는 것인지 성찰하게 하는 효과가 있다. 그 목표를 달성했을 때 별로 좋을 게 없다고 판단되면 그 목표는 다룰 가치가 없는 게 되고 말 것이다. 그러므로 이 질문은 고객이 가져온 주제에 대해 검증하는 효과가 있다. 그 목표가 달성되었을 때의 좋은 점이 구체적으로 확인된다면 문제를 해결하기 위한 동기가 강화될 것이다.

그게 해결되면 삶이 어떻게 될까요?

목표를 달성했을 때의 긍정적 효과에 대해 탐색하는 효과가 있다. 목표 달성이 자신의 삶에서 어떤 의미가 있는지 깨달으며 더 큰 의미와 가치를 느끼게 된다.

그게 해결된 모습을 은유나 이미지로 표현해보실래요?

고객으로 하여금 은유나 이미지로 표현하게 함으로써 직관적이고 감각적인 사고를 통해 문제가 해결된 모습을 구체적으로 그려보게 한다. 고객은 논리와 직관, 감정을 모두 아우르는 관점으로 생동감 있게 목표가 달성된 모습을 상상할 수 있다. 은유나 이미지를 통해 고객은 새로운 관점이나 아이디어를 얻기도 한다.

이 질문들을 사용해서 다음과 같이 대화할 수 있다.

코치　오늘 어떤 이야기를 해볼까요?

고객　리더십 역량을 어떻게 하면 높일 수 있을지에 대해 이야기를 나누고 싶습니다.

코치　이 주제를 생각하게 된 계기가 무엇인가요?

고객　이번에 리더십 다면평가 결과가 나왔는데, 점수가 형편없이 나왔습니다. 다음 평가에선 반드시 높은 점수를 받아야 하기 때문에 이 주제를 다루고 싶습니다.

코치　리더십 점수가 어떻게 되기를 원하나요?

고객　지금 10점 만점 기준에 평균 6점인데, 이걸 9점까지 올리고 싶습니다.

코치　리더십 점수를 6점에서 9점까지 올리고 싶다고 했는데, 그게 달성되면 어떤 점이 좋은가요?

고객 그건 말할 필요가 없습니다. 일단 저의 기분이 아주 좋을 거고요. 저의 상사들이 저를 대하는 태도도 달라질 거고, 팀 분위기도 아주 좋아질 거 같습니다. 그냥 모든 게 좋아질 거 같습니다.

코치 그렇군요. 모든 게 좋아지는군요. 그렇게 되면 삶이 어떻게 달라지나요?

고객 일단 일하는 게 즐거울 거고, 성과도 덩달아서 잘 나올 거고, 또 팀 분위기도 좋아질 거니까 직장 생활이 행복할 거 같아요.

코치 와~ 리더십 다면평가가 가지고 있는 의미가 굉장하네요.

고객 그렇습니다.

코치 그렇다면 그게 이루어진 모습을 은유나 이미지로 표현해보실래요?

고객 함박웃음을 지으며 일하고 있는 저의 모습이 떠올라요.

지금 마음이 어떠세요?

코칭 세션 도중, 때로는 고객의 감정을 확인하고 그 흐름을 따라가기 위해 코치는 "지금 마음이 어떠세요?"라고 묻는다.

이 질문은 고객으로 하여금 자신의 내면을 성찰할 수 있는 기회를 제공한다.

사람들은 종종 문제 해결에 집중하느라 자신의 감정을 놓치곤 한다. 그러나 감정은 현재 경험의 중요한 일부로서 무엇에 주의를 기울여야 하는지를 알려주는 신호다.

코치는 '지금 마음이 어떠세요?'라는 질문을 통해 고객이 자신의 감정에 귀 기울이도록 한다. 이는 고객이 자신을 더 깊이 이해하고 문제를 보다 본질적으로 바라보게 하는 출발점이 된다.

고객이 자신의 감정을 명확하게 인식함으로써 감정 조절 능력을 향상시키고, 더 나은 의사결정을 할 수 있도록 돕기 위해 이 질문을 한다.

고객은 현재 순간의 인식, 감정의 탐색을 통해 전체적인 맥락에서 자신을 이해할 수 있는 계기가 된다. 이는 게슈탈트 심리학의 '현재 경험에 대한 지각'을 중시하는 원칙과 일치한다.

다음 대화에서 보는 것처럼, 이 질문은 고객으로 하여금 자신의 내면을 살피게 하고, 자기표현 기회를 제공하기 위해 사용한다.

코치 친한 친구 때문에 속이 많이 상했다고 하셨는데, 지금 이야기를 하고 나니까 어떤가요?

고객 속이 더 상해요. 제가 그 친구에게 뭔가를 기대하고 있다는 걸 알고 나니까 혼란스럽네요.

코치 그 친구가 잘못한 거 때문에 고객님의 속이 상한 게 아니라, 그 친구에게 고객님이 뭔가를 바라고 있는, 고객님의 속마음을 알게 돼서 속이 상하다는 거군요.

고객	그런 거 같습니다.
코치	고객님의 속마음을 알고 나니까 지금 마음이 어떠세요?
고객	약간 혼란스럽긴 하네요. 일단 그 친구가 잘못한 게 없다는 걸 알게 돼서 마음이 놓입니다. 또 한편으론 제가 그 친구에게 뭔가를 기대하면서 관계를 맺어왔다는 걸 알게 된 건 속이 상하네요.
코치	마음이 놓이기도 하고, 또 한편으론 속이 상하기도 하군요.
고객	제 마음에 여러 가지 감정이 있다는 걸 알고 나니까, 마음이 약간 편안해지는 거 같긴 해요.

지금 어떤 감정이 느껴지나요?

코칭 대화 중 고객의 감정의 흔들림이 느껴질 때 코치는 "지금 어떤 감정이 느껴지나요?"라고 묻는다.

이 질문은 고객이 자신의 감정을 더 구체적으로 들여다보게 하기 위한 것이다.

사람은 흔히 상황을 설명하는 데 집중하지만 자신의 감정은 흐릿하게 넘기는 경우가 많다. 그러나 감정은 현재의 경험을 온전히 이해하는 데 중요한 요소다.

게슈탈트 심리학에선 감정을 지금 여기의 중요한 경험으로 여긴다.

게슈탈트 심리학에 의하면, 감정은 자신의 내면에서 어떤 일이 일어나고 있는지를 알려주는 중요한 메시지다.

코치는 '지금 어떤 감정이 느껴지나요?'라는 질문을 통해 고객이 자신의 내면에 집중하고, 현재 순간에 머무르도록 돕는다.

"지금 어떤 감정이 느껴지나요?"라고 물으면 고객은 다음과 같은 반응을 보이곤 한다.

"조금 불안한 것 같아요."

"마음이 무거워요."

"생각해보니 기쁘네요."

고객은 자신이 느끼고 있는 감정을 구체적으로 표현하게 된다.

게슈탈트 심리학에선 미해결 과제가 감정을 통해 드러난다고 본다.

감정을 의식하는 순간, 고객은 자신의 내면에 남아 있는 중요한 과제를 마주하게 되는 것이다.

또한 이 질문은 고객의 자기 인식을 높인다.

감정을 명확히 인식할 때 사람은 상황에 대한 이해가 깊어지고 더 현명한 선택을 할 수 있다.

긍정심리학에서도 감정 인식을 강조한다. 자신의 감정을 제대로 이해하고 표현할 때 사람은 보다 건강한 심리 상태를 유지할 수 있다고 믿는다.

결국, 이 질문은 고객이 자신의 경험과 감정을 통합적으로 이해하고 더 깊이 있는 통찰과 행동으로 나아가도록 돕는다.

고객에게서 어떤 변화가 감지될 때, 코치는 이 질문을 통해 그 변화를 탐구할 수 있다. 코칭에서 '고객과 함께 순간을 춤추라'라는 말을 하는데, 이때의 '순간'은 단순한 순간이 아니라 '변화의 순간'을 말한다. 정지해 있는 순간이 아니라 역동적으로 움직이는 순간이다. 이 순간을 포착하고 확장하는 것이다.

코치 지금 어떤 감정이 느껴지나요?

고객 뭔가 답답하면서도 화가 나는 거 같아요.

코치 답답함과 화가 동시에 느껴지는군요. 그 감정이 어디서 오는 거 같은가요?

고객 제가 아무리 노력해도 주변에서 인정해주지 않는다는 생각 때문인 거 같아요.

코치 인정받고 싶은 마음이 크신 거군요. 그 마음을 알아차린 지금, 어떤 감정이 느껴지나요?

고객 좀 서운하기도 하고 제 자신이 안쓰럽기도 해요.

코치 그 서운함과 안쓰러움이 몸의 어디에서 느껴지나요?

고객 가슴에서 제일 많이 느껴지는 거 같아요.

코치 가슴에 집중해서 더 섬세하게 느껴보실래요?

고객 (가슴에 집중한다.) 코치님, 가슴을 자세하게 느껴보니까, 그동안 제가 감정을 너무 억누르고 있었던 거 같아요.

코치 조금 더 자세하게 말해주실래요?

이와 같이 '지금 어떤 감정이 느껴지나요?'라는 질문은 고객이 자신의 감정을 명확하게 인식하도록 돕는다.

그 과정에서 고객은 자신의 내면과 깊이 연결되며 미해결 과제를 발견하거나 앞으로 나아갈 방향에 대한 통찰을 얻을 수 있다.

이 질문은 고객이 감정과 경험을 통합적으로 바라보게 해주는 중요한 질문이다.

지금 몸에서 뭐가 느껴지나요?

코칭 대화 중 고객이 머리로만 문제를 풀어가려 하거나, 감정 표현이 막혀 있을 때, 혹은 긴장이나 부담감이 감지될 때, 코치는 "지금 몸에서 뭐가 느껴지나요?"라고 묻는다.

이 질문은 고객이 자신의 신체 감각을 통해 '지금 여기'의 경험에 더 깊이 연결되도록 돕기 위한 것이다.

현재 순간에 떠오르는 몸의 느낌은 우리가 의식적으로 인지하지 못했던 감정이나 상태를 알려주는 중요한 신호일 수 있다.

고객이 자신의 몸에 주의를 기울이면, 머리로 설명하려고 애쓰던 것에서 벗어나 자연스럽게 자신의 내면과 접촉하게 된다.

이 질문은 고객이 자신에게 몰입하고 내면의 소리를 듣게 하는 통로가 된다.

"지금 몸에서 뭐가 느껴지나요?"라고 물으면 고객은 다음과 같이 반응하곤 한다.

"가슴이 답답해요."

"어깨가 뻐근하고 무겁네요."

"배가 좀 긴장된 느낌이에요."

게슈탈트 심리학에선 신체 감각이 미해결 과제와 연결되어 있다고 본다. 몸이 불편함을 느끼는 그 지점이 바로 고객이 무의식적으로 억누르고 있던 감정이나 욕구와 연결될 수 있다는 것이다.

또한 이 질문은 고객이 머리가 아닌 몸, 즉 전체적인 자기 경험과 접촉하게 한다.

몸의 감각에 집중하면 자연스럽게 현재 순간에 머무르게 된다. 현재 순간의 경험을 있는 그대로 수용할 때 더 명확한 통찰을 얻고 스스로 변화할 힘을 발견할 수 있다.

이 질문은 다음과 같이 사용할 수 있다.

코치　지금 몸에서 뭐가 느껴지나요?

고객　(잠시 눈을 감고) 가슴이 좀 답답해요.

코치　가슴이 답답하군요. 그 느낌을 조금 더 자세히 느껴보실래요?

고객　뭔가 꽉 눌려 있는 느낌이에요.

코치　그 눌려 있는 느낌에 더 가까이 가보면, 어떤 감정이나 생각이 떠오르나요?

고객　불안감 같아요. 지금 뭔가 놓치고 있는 거 같고…… 지금 잘하고 있는 건지 자꾸 걱정이 돼요.

코치　불안감이 느껴지는군요. 그 불안감은 고객님에게 어떤 메시지를 주는 걸까요?

고객 제가 너무 완벽하려고 했던 거 같아요. 뭔가 부족하면 안 된 다는 생각이 저를 계속 조이게 했던 거 같아요.

코치 지금 그걸 알아차린 순간, 몸에서 어떤 변화가 느껴지나요?

고객 조금 숨이 편해진 거 같아요. 말하면서 좀 가벼워졌어요.

코치 숨이 편해지고 몸이 가벼워졌군요.

이처럼 '지금 몸에서 뭐가 느껴지나요?'라는 질문은 고객이 자신의 신체 감각을 통해 지금 여기에 집중하도록 돕는다.

그 과정에서 고객은 감각, 감정, 생각이 서로 연결되어 있음을 체험하게 되고, 자신의 내면과 깊이 접촉하여, 보다 본질적인 깨달음을 얻는 계기가 된다.

이처럼 몸의 느낌은 우리가 무심코 지나쳤던 것을 상기시켜주는 중요한 신호가 되기도 한다. 이 질문은 고객이 몸의 신호를 알아차리고 자신과 깊은 대화를 시작하도록 이끄는 출발점이 된다.

그건 어떤 의미인가요?

고객이 특정한 경험, 감정, 사건, 단어를 이야기할 때 코치가 "그건 어떤 의미인가요?"라고 묻는 경우가 있다.

이 질문은 고객이 자신의 말이나 경험 속에 담긴 내면의 의미를 깊이 들여다보도록 돕기 위한 것이다.

사람들은 자신의 경험을 이야기하면서도 그 경험이 자신에게 어떤 의미가 있는지를 알아차리지 못하는 경우가 있다.

'지금 여기'에 등장하는 특정한 경험은 무의식에 머물러 있던 중요한 욕구나 과제를 비춰주는 단서가 될 수도 있으므로 이를 무시해선 안 된다.

코치는 '그건 어떤 의미인가요?'라는 질문을 통해 고객으로 하여금 자신이 말한 내용에 스스로 주목하게 하고, 그 속에 담긴 감정과 가치를 알아차릴 수 있도록 도울 수 있어야 한다.

이 질문을 받으면 고객은 자신의 생각, 감정 등에 대해 다시 한번 생각해보게 된다. 그 과정에서 고객은 자신의 내면을 탐색할 수 있고 자기 인식이 높아진다.

고객의 표현이 애매하게 여겨지거나 이해가 잘되지 않을 때 "그건 어떤 의미인가요?" 하고 물으면 고객의 의도를 더 잘 이해할 수 있게 된다.

이 질문을 사용할 때는 맥락과 어조가 중요하다. 고객이 방어적이 되거나 압박감을 느끼지 않도록 친절하고 부드러운 어조로 질문해야 한다.

이 질문은 너무 자주 사용하면 고객이 부담스럽게 느낄 수 있다. 적절한 타이밍에 절제해서 사용할 줄 아는 지혜가 필요하다.

이 질문은 다음과 같이 사용할 수 있다.

코치　　지난주에 프로젝트가 마무리됐다고 했는데 기분이 어땠나요?

　　　　　　　　　　　　　 코칭이 심리학을 만났을 때

고객	정말 뿌듯했어요. 제가 드디어 인정받은 거 같았어요.
코치	인정받았다는 느낌이군요. 그 인정은 고객님에게 어떤 의미인가요?
고객	사실, 그동안 계속 스스로 부족하다고 느끼면서 일했거든요. 늘 제가 부족하다고 생각했는데 이번에 좋은 결과를 내고 나니까, 처음으로 '나도 제법 괜찮구나' 싶었어요.
코치	그렇군요. '나도 제법 괜찮구나' 하는 느낌이 들었군요. 그때 몸에서 어떤 게 느껴졌나요?
고객	엄청 몸이 가벼웠어요. 이젠 제 자신을 좀 더 믿어도 된다는 신호 같았어요. 뭔가 앞으로 자신감이 더 생길 거 같아요.

이처럼 '그건 어떤 의미인가요?'라는 질문은 고객이 자신의 경험과 감정 속에 담긴 본질적인 의미를 발견하도록 돕는다.

그 과정에서 고객은 자신의 내면 깊숙한 곳에 자리 잡은 가치, 욕구, 믿음을 자각하게 되고 이를 바탕으로 앞으로 나아갈 방향과 태도를 보다 분명하게 설정하게 된다.

고객님은 어떤 사람인가요?

고객이 자신의 상황이나 행동을 설명할 때 자신의 가치가 드러나는 경우가 있다.

고객이 무언가에 기여하거나 헌신하고 있는 게 보여질 때, 또는 특정한 가치를 추구하는 게 보여질 때, 코치는 그 부분을 포착하고 더 강화해주기 위해 이 질문을 사용한다.

고객은 이 질문을 통해 자신의 강점, 가치관, 신념 등을 확인하게 되고, 자신에 대해 긍지를 갖게 된다. 이 질문을 통해 고객은 자신감이 올라가고 보람을 느낄 수 있다.

사람은 긍정 정서를 충분하게 경험하게 되면 사고의 질이 높아지고 실행력이 강화된다는 게 긍정심리학 이론이다. 긍정심리학의 이론에 따라, 고객으로 하여금 자신감과 자긍심을 높이게 하기 위해 이 질문을 사용한다.

그러나 이 질문을 사용할 때 주의해야 할 게 있다. 이 질문은 다소 깊이 있는 자기 탐구를 요구하기 때문에 고객이 이 질문에 대답할 준비가 되어 있는지가 중요하다.

만약 고객이 자신의 정체성에 대해 혼란스럽거나 불안해하고 있는 상태라면 이 질문은 오히려 부담을 줄 수도 있고 즉각적으로 답변하기 어려워할 수도 있다. 고객의 상황을 고려하여 신중하게 사용할 필요가 있다.

이 질문은 다음과 같이 사용할 수 있다.

예시 1

코치 직장에서의 역할에 대해 고민하고 있다고 했는데, 어떤 점이 혼란스럽게 느껴지나요?

고객 내가 이 일을 계속해야 하는지, 아니면 다른 길을 찾아봐야 하는지 잘 모르겠어요. 뭔가 지금 하는 일이 나와 잘 맞는지 확신이 서지 않아요.

코치 지금 말씀하신 '나와 잘 맞는다'는 건 어떤 의미인가요?

고객 이 일을 통해서 내가 세상에 헌신하고 기여할 수 있는지, 이 일이 제가 추구하는 가치와 맞는 일인지 잘 모르겠어요…….

코치 일을 통해 세상에 헌신하고 기여하고 싶어 하는 고객님은 어떤 사람인가요?

고객 (잠시 생각 후) 저는 일이란 것이 단지 생계 수단에 불과한 게 아니라, 저의 가치를 실현하는 수단이 됐으면 좋겠어요. 제가 좋아하는 일을 하면서 동시에 다른 사람들을 도울 수 있다는 건 큰 보람인 거 같아요.

코치 그렇군요. 고객님은 일을 통해 가치를 실현하면서도 동시에 다른 사람들에게 도움이 되고 싶은 분이군요.

예시 2

코치 후배들을 돕고 싶다고 하셨는데, 어떻게 하고 싶으세요?

고객 제가 겪었던 시행착오를 후배들은 겪지 않았으면 좋겠고, 커리어의 방향을 잡는 데 혼란을 느끼지 않게 도와주고 싶어요.

코치 멋진 생각이네요. 그런 생각을 가지게 된 계기가 있다면 무엇일까요?

고객 요즘엔 후배들에게 간섭하면 안 된다는 이유로, 선배들이 후배들에 대해 너무 무관심한 거 같아서 정말 답답했거든요. 간섭하는 게 아니라 진짜로 도움이 될 수 있는데도 말입니다. 너무 답답하고 안타깝습니다.

코치 후배들에게 도움이 될 수 있는데도, 선배들이 무관심한 거 같아서 답답함을 느끼시는군요.

고객 예, 그렇습니다.

코치 이런 생각을 하시는 고객님은 어떤 분일까요?

고객 그러게요. 한 번도 생각해보지 않았는데…… 저는 함께 일하는 사람들에게 도움을 주고 싶은 거 같아요. 특별히 후배들에게 도움을 주는 사람이 되고 싶어요.

코치 고객님은 함께 일하는 사람들에게 도움을 주고 싶은 사람이군요.

지금 코칭이 원하는 대로 진행되고 있나요?

코칭 대화가 중반부를 넘어갈 즈음, 혹은 대화의 주제를 벗어난다고 느껴질 때, 또는 대화의 초점을 다시 확인하고자 할 때 이 질문을 사용한다.

이 질문은 고객으로 하여금 현재 코칭의 흐름과 자신의 기대가 일치

하는지를 점검하도록 돕기 위한 것이다.

이 질문은 다음과 같은 효과가 있다.

- 고객은 코치가 자신을 존중하고 있다고 느낀다. 이를 통해 고객은 자신이 코칭 대화의 주인공이라는 걸 알게 된다.
- 대화의 초점을 잡아준다. 만약 대화가 고객의 기대와 목표에서 벗어나고 있다면, 이 질문을 통해 대화의 방향을 바로잡을 수 있는 기회가 생긴다.
- 고객은 이 질문을 통해 코칭 대화가 실질적으로 자신에게 도움이 되고 있는지 생각하는 기회가 된다. 만약 대화가 기대에 미치지 못한다면 고객은 코치에게 피드백을 제공하고 더 효과적인 방향으로 코칭을 진행할 수 있다.
- 대화가 시작된 이후 어느 정도 목표에 가까워졌는지, 또는 아직 다루어지지 않은 부분이 있는지를 점검할 수 있다.

이 질문은 다음과 같이 사용할 수 있다.

(코칭이 중간쯤 진행됐을 때)

코치   멋진 리더 되기라는 주제로 이야기를 나누고 있는데, 지금 코칭이 고객님이 원하는 방향으로 제대로 진행되고 있나요?

고객   예. 지금 우리가 이야기하고 있는 내용에 대해 정말 궁금하고 확신이 없었는데, 지금 제가 원하는 방향으로 코칭이 잘 진행되고 있는 거 같습니다.

(반대의 상황도 있을 수 있다.)

코치 지금 우리가 나누고 있는 대화가 고객님이 원하는 방향으로
잘 진행되고 있나요?

고객 조금 혼란스러워요. 지금 우리가 나누고 있는 이야기가 제가
진짜로 원하는 건지 잘 모르겠어요.

코치 그러면 어디에 대화의 초점을 맞추고 싶은가요?

이 질문을 할 때는 고객이 평가받거나 통제받는다는 느낌이 들지 않
도록 어조와 맥락에 주의해야 하며 사용하는 타이밍에 주의해야 한
다. 코칭 시작 단계에서 '지금 코칭이 제대로 진행되고 있나요?'라고
하지는 않을 것이며, 코칭을 마무리하는 단계에 가서 '지금 코칭이
제대로 진행되고 있는지' 묻는다면 웃기는 일이 될 것이다.

그건 주제와 어떻게 연결되나요?

코칭 대화를 하다 보면 고객은 자신도 모르게 대화의 주제를 벗어
나기도 하고 이야기가 산만해지기도 하며, 새로운 생각이 떠올라서,
그때까지 진행되던 대화의 주제와 연결고리를 잃어버리는 경우가
있다. 이때 '그건 주제와 어떻게 연결되나요?'라는 질문을 통해 코칭

대화의 초점을 유지하고 방향을 제대로 잡을 수 있다.

이 질문은 다음과 같은 효과가 있다.

- 대화의 초점을 잡아준다.

  이 질문은 대화의 초점을 유지하게 하고 대화가 산만해지거나 방향을 잃지 않도록 돕는다.

- 자기 성찰과 명확한 사고를 촉진한다.

  이 질문을 통해 고객은 자신이 언급한 내용에 대해 다시 한번 생각해보게 된다. 이를 통해 생각을 정리하고 자신의 논리적 흐름을 스스로 이해하게 된다.

- 새로운 통찰과 연결을 발견한다.

  고객은 자신이 하고 있는 이야기에 대해, 처음엔 명확하지 않았던 연결성을 발견할 수 있다. 이는 고객이 문제를 새로운 관점에서 바라보고 더 깊은 통찰을 얻도록 돕는다.

이 질문은 다음과 같이 사용할 수 있다.

- 대화가 주제에서 벗어날 때: 고객이 대화의 주제를 벗어나서 산만하게 이야기할 때 코치는 원래 목표나 주제로 대화의 초점을 맞추기 위해 이 질문을 사용할 수 있다.

- 새로운 주제가 등장할 때: 고객이 갑자기 새로운 이야기를 꺼내거나 관련성이 불분명한 주제를 언급했을 때, 그 이야기가 코칭

목표와 어떻게 연결되는지 확인하기 위해 이 질문을 할 수 있다.

- 고객의 생각을 정리할 필요가 있을 때: 고객이 여러 생각을 동시에 말하고 있을 때, 그중 어떤 부분이 현재 다루고 있는 주제와 관련이 있는지 확인하기 위해 이 질문을 사용한다.

예시 1. 대화의 초점 유지

코치   지금까지 조직 활성화에 대해 이야기하고 있었는데요, 방금 말씀하신 업무 배분 문제는 이 주제와 어떻게 연결되는 건가요?

고객   조직 활성화와 업무 배분은 상당한 관계가 있습니다. 업무 배분이 공정하지 못하면 구성원들은 불만을 느끼게 되겠지요. 그러면 자연적으로 조직 분위기가 나빠지는 거니까, 이 둘은 불가분의 관계에 있다고 생각합니다.

코치   그렇군요. 그럼 조직 활성화와 업무 배분의 관계에 대해 더 자세하게 이야기를 나누어볼까요?

예시 2. 새로운 주제에 대한 연결성 탐색

코치   조금 전까지 리더십 역량 제고에 대해 이야기를 나누고 있었는데요, 지금 이야기를 꺼내신, 운동을 열심히 해야 한다는 게 리더십 역량 제고라는 주제와 어떻게 연결되나요?

고객　저의 경험상 몸이 피곤하면 하찮은 일에도 짜증을 내기 쉽고, 짜증을 잘 내면 리더십도 망가지는 거니까, 이 둘은 밀접한 관계가 있는 거 같습니다.

코치　그러네요. 오늘 대화는 이 둘을 연결해서 다뤄야 하는 거군요.

예시 3. 고객의 생각 정리

고객　팀의 리더 역할을 잘하고 싶은데, 팀원들끼리 갈등도 많고, 실적도 부진하고, 지금 진행하고 있는 프로젝트는 희망이 없어 보이고, 요즘 고민이 많습니다.

코치　지금 말씀하신 여러 문제들은 오늘 대화의 주제인 리더로서의 역할과 어떻게 연결되나요?

고객　음…… 사실, 이 모든 것들이 서로 연결되어 있습니다. 제가 리더로서 중심을 잘 잡지 못할 때 팀원들의 갈등이 더 커지는 거 같고, 제가 방향을 잃을 때 실적도 부진해지는 거 같습니다. 이 모든 것들은 제가 중심을 잘 잡아야 해결될 수 있는 문제라는 생각이 듭니다.

코치　좋은 통찰이군요. 그러면 리더로서 어떻게 중심을 잘 잡을 것인지에 대해 자세하게 논의해보기로 할까요?

제12장

코칭 마무리하기

세션의 마무리 단계에선 고객이 얻은 인사이트를 정리하고, 실행 계획을 명확히 하며, 세션을 마친 후의 지속적인 성장까지 고려하도록 돕는다. 이 과정에서 주로 사용하는 질문들의 배경과 맥락에 대해 살펴보자.

구체적으로 무엇을 하겠습니까? 그리고 또?

이 질문은 목표를 달성하기 위해 구체적으로 무엇을 할 것인지, 실행을 다짐하게 만드는 질문이다. 아이디어 단계를 넘어서 실행 가능한 구체적인 행동을 이끌어낸다.

'그리고 또?'는 한 가지 행동 계획만 세우는 데 그치지 않고, 다양한 접근을 통해 추가적인 행동 계획을 탐색하게 해준다.

아인슈타인의 말에 따르면, 일반적인 아이디어가 모두 소진되고 난 후에 나오는 크레이지 아이디어가 창의적인 아이디어일 가능성이 매우 높다고 한다. 코칭에서도 마찬가지다. 고객의 행동을 이끌어낼 때, 고객이 보편적으로 생각할 수 있는 걸 넘어서서 창의적인 아이디어를 생각해낼 수 있도록 돕는 게 '그리고 또?' 질문이다.

이 질문은 다음과 같은 효과가 있다.

- 실행력이 강화된다. 고객은 이 질문에 대답하면서 실행 가능한 행동을 구체화한다. 고객이 실행 계획을 말로 표현하는 과정은 실행에 대한 책임감과 동기를 높이는 데 효과적이다.
- 구체적이고 실행 가능한 계획을 수립하게 하고 동기를 부여한다. 고객이 자신의 말로 구체적인 행동 계획을 설정하면 실행에 대한 의지가 더 강화된다.
- 다양한 접근 방법을 탐색하게 한다. 이 질문은 한 가지 행동 계획에 그치지 않고, 다양한 전략이나 대체 방안을 탐색하게 한다.

이 질문은 자칫하면 고객에게 압박감을 줄 수 있기 때문에 고객이 생각할 시간을 충분하게 주면서 부드러운 어조로 질문해야 한다. 후속 질문을 계속할 때 고객을 밀어붙이는 느낌이 들지 않도록 고객의 답변에 충분한 공감을 표시해야 하고 고객의 아이디어에 대해 진정한 호기심을 보여야 한다.

이 질문은 다음과 같이 사용할 수 있다.

고객   저는 소통을 잘하는 리더가 되고 싶어요.

코치   그러시군요. 소통을 잘하는 리더가 되기 위해 구체적으로 뭘 하시겠습니까?

고객   먼저 정기적인 1:1 미팅을 통해 구성원들의 애로 사항이 뭔지, 뭘 도와줘야 하는지 파악해보고 싶습니다.

코치   정기적으로 1:1 미팅을 하겠다는 말씀이군요. 좋은 아이디어네요. 그리고 또 무엇을 하시겠습니까?

고객   소통 레터를 작성해보고 싶습니다. 매주 금요일에 한 주일 동안 팀에서 있었던 일 중에서 팀원들이 알아야 할 내용을 정리하고, 다음 주에 팀에서 진행될 일에 대해 간략하게 요약해서 알려주는 내용을 담은 레터를 팀원들에게 보내겠습니다.

코치   소통 레터요? 멋지네요. 구성원들이 엄청 좋아할 거 같네요. 그리고 또 뭘 하시겠습니까?

고객   팀원들을 직급별로 그룹핑해서 월 1회 직급별 그룹 미팅을 실시하고, 저녁에 회식을 하도록 하겠습니다.

코치   월 1회 직급별 그룹 미팅과 회식을 하겠다는 말씀이네요. 그러시군요. 그리고 또 뭘 하시겠습니까?

고객   이 정도면 된 거 같습니다.

코치   좋습니다. 각 구체적 계획들을 언제부터 시작하겠습니까?

——— 코칭이 심리학을 만났을 때

주변을 둘러보세요, 뭐가 보이나요?

이 질문은 '사물 관점 질문하기' 기법이다. 이 기법은 고객이 특정 상황이나 문제를 새로운 시각에서 바라볼 수 있도록 돕기 위해 고안됐다. 이 기법은 고객이 기존의 고정된 생각이나 감정에서 벗어나 더 창의적이고 객관적인 방식으로 상황을 재구성할 수 있도록 도와준다. 사물 관점 질문의 목적은 다음과 같다.

- 새로운 시각을 제공한다: 사물의 관점에서 상황을 바라보게 함으로써 고객이 새로운 통찰을 얻을 수 있도록 돕는다.
- 유연한 사고를 촉진한다: 다양한 시각에서 문제를 바라봄으로써 유연한 사고를 촉진하고 고객이 더 많은 선택지를 가질 수 있도록 돕는다.
- 감정적 거리 두기: 해결해야 할 문제에 대한 감정에서 벗어나 객관적으로 상황을 볼 수 있게 해준다.
- 창의적 사고를 촉진한다: 문제 해결을 위한 창의적 사고를 자극하며 기존의 패턴에서 벗어나 새로운 접근 방식을 찾을 수 있도록 돕는다.

사물 관점 질문은 다음과 같이 사용할 수 있다.

- 주변을 둘러보세요. 뭐가 보이나요? (의자가 보인다고 대답하면) 의

자가 이 상황을 본다면 뭐라고 할까요?

- 또 뭐가 보이나요? (책상이 보인다고 대답하면) 책상의 관점에서 이 상황을 본다면 어떤 생각이 들까요?
- 또 뭐가 보이나요? (노트북이 보인다고 대답하면) 노트북의 관점에서 이 상황을 본다면 어떤 생각이 드나요?

(상황에 따라 여러 번 계속할 수도 있고, 간단하게 종료할 수도 있다.)

사물 관점 대화 예시를 살펴보자.

코치   도저히 다른 방안이 생각나지 않는다고 하셨는데, 간단한 실험을 해봐도 될까요?

고객   실험이요? 예, 좋습니다.

코치   우리가 지금 대인관계를 좋게 하는 방법에 대해 이야기를 하고 있는데, 아무리 생각해도 더 이상 방법이 떠오르지 않는다고 하셨습니다. 이것에 대해 실험을 해보도록 하겠습니다. 주위를 한번 둘러보세요, 뭐가 보이나요?

고객   의자가 보입니다.

코치   의자의 관점에서 대인관계를 좋게 하는 방법을 생각해본다면, 뭐가 생각납니까?

고객   (당황한 표정으로) 의자의 관점이요? 의자가 무슨 말을 하고, 무슨 관점이 있을까요?

코치   그렇게 생각하면 다소 당황스러울 수도 있겠네요. 이 실험은 우리가 더 좋은 방안을 찾기 위해서 하는 건데 만약 부담스러우면 대답하지 않아도 됩니다.

고객 아닙니다. 조금 어색해서 그렇지 부담스러울 거까지는 없습니다. 재미로 해볼 수도 있는데 저에게 도움이 되는 방법을 찾기 위한 거니까 한번 해보겠습니다.

코치 그렇게 이해해주셔서 감사합니다. 그럼 계속 진행해보겠습니다. 아까 말씀하신, 의자의 관점에서 대인관계를 좋게 하는 방법을 생각해본다면, 뭐가 생각나나요?

고객 글쎄요…… '너는 다른 사람들에게 편한 의지처가 되어준 적이 있니?'라고 말할 거 같아요. (고객이 대답하지 못할 수도 있다. 충분히 시간을 주고 기다렸는데도 생각이 나지 않는다고 하면 다음 단계로 넘어가는 게 좋다.)

코치 멋진 말이네요. 또 주위를 한번 둘러보세요. 뭐가 보이나요?

고객 시계가 보입니다.

코치 시계의 관점에서 대인관계를 좋게 하는 방법을 생각해본다면, 뭐가 떠오르나요?

고객 시계의 관점이라……. '너는 다른 사람들에게 충분한 시간을 주고 기다려주고 있니?'라고 말할 것 같아요. (마찬가지로 고객이 대답하지 못할 수도 있다. 충분히 시간을 주고 기다렸는데도 생각이 나지 않는다고 하면 다음 단계로 넘어가는 게 좋다. 세 번까지 시도했는데도 생각이 나지 않는다고 하면 이 실험은 중단하는 게 좋다.)

코치 멋진 생각이군요. 또 뭐가 보이나요?

고객	형광등이 보입니다.
코치	형광등의 관점에서 대인관계를 좋게 하는 방법을 생각해본 다면, 뭐가 떠오르나요?
고객	'너는 다른 사람들에게 빛이 되어준 적이 있니?'라고 말할 거 같아요. (정해진 건 없지만, 보통 3~5번 정도 이 과정을 반복한다.)
코치	멋지네요. 지금까지 의자, 시계, 형광등의 관점에서 살펴봤는 데, 고객님은 어떤 관점이 제일 마음에 드나요?
고객	음…… 흥미로운데요. 저는 형광등의 관점이 제일 마음에 들 어요.
코치	그러시군요. 형광등의 관점에서 이 문제를 더 이야기해볼까 요?
고객	예, 좋습니다.
코치	형광등의 관점이 '다른 사람들에게 빛이 되어주는 것'이라고 했는데, 이에 대해 조금 더 자세하게 말씀해주실래요?

(이하 생략)

사물 관점 질문은 다양한 코칭 상황에서 활용될 수 있다.

고객이 직장에서의 어려움을 이야기할 때 사무실에 있는 사물의 관점에서 그 어려움을 바라보도록 요청할 수 있다. 그러면 고객은 그 상황을 보다 객관적이고 새로운 시각에서 이해하고, 새로운 접근 방식을 발견할 수 있다.

그러나 이 질문은 상황과 맥락에 맞게 사용해야 한다. 고객이 스스로 잘 생각하고 방법을 찾아내고 있을 때는 계속해서 고객의 관점으로 코칭을 진행해야 한다. 이때 갑자기 사물 관점 질문을 하는 건 고객의 생각을 무시하는 행위이고 매우 생뚱맞다.

사물 관점 질문은 고객이 도저히 다른 생각을 해내지 못할 때, 고정관념으로 인해 옴짝달싹하지 못할 때 돌파구를 제공하기 위해 사용하는 방법이다. 사물 관점 질문은 상황에 맞지 않으면 생뚱맞게 된다는 걸 이해하고, 적절한 상황과 맥락에서 사용해야 한다.

그것을 실행하는 데 고객님의 어떤 강점을 사용하겠습니까?

이 질문은 실행 과정에서 고객으로 하여금 자신의 강점을 활용할 수 있도록 성찰하게 한다. 고객은 자신의 강점을 어떻게 활용할 것인지 생각하는 과정에서 자신의 강점을 더 깊이 인식할 수 있게 된다.

이 질문은 다음과 같은 효과가 있다.

- 자신감과 자기 효능감을 강화한다.
  고객이 자신의 강점을 인식하고 그걸 목표 달성에 활용할 수 있다는 걸 알게 되면서 자신감과 자기 효능감이 높아진다.
- 구체적인 실행 방안을 모색한다.
  고객은 자신의 강점이 실제 상황에서 어떻게 적용될 수 있는지 고민하면서 구체적인 전략을 세우는 데 도움을 받는다.

213

- 강점 기반의 문제 해결 능력을 강화한다.

  고객은 자신의 강점을 활용하여 문제를 해결하고 목표를 달성하는 데 초점을 맞추게 된다.
- 긍정적인 사고방식을 강화한다.

  고객은 자신의 능력을 긍정적으로 인식하면서 더 나은 결과를 이끌어낼 가능성이 높아진다.

강점 기반 코칭은 긍정심리학의 핵심 개념이다. 강점 기반 코칭에선 개인의 강점을 인식하고 이를 발휘함으로써 자신감을 강화하며 목표 달성의 가능성을 높이려 한다.

이 질문은 다음과 같이 사용할 수 있다.

예시 1. 행동 계획을 실행할 때

목표를 세우고 행동 계획을 수립한 후, 실행을 준비하는 시점에서 이 질문을 사용할 수 있다.

고객　회의를 진행할 때 소통을 강화하기 위해 노력하겠습니다.

코치　회의를 통해 소통을 강화하기 위해 고객님의 어떤 강점을 사용하겠습니까?

고객　저는 공감을 잘하는 편입니다. 상대방의 의견을 잘 들어주고 그들의 감정을 이해하는 게 제 강점인 거 같습니다. 회의 때

이 강점을 잘 사용해보겠습니다.

예시 2. 자신감을 필요로 할 때

고객이 실행에 대해 확신하지 못하거나 망설이고 있을 때 이 질문을 사용하여 고객이 자신감을 가질 수 있도록 돕는다.

고객　이번에 새로운 프로젝트를 맡게 됐는데 조금 걱정돼요. 프로젝트 관리는 이번이 처음이라서……

코치　프로젝트 관리는 처음이라 걱정이 되시는군요. 그러면 이 프로젝트를 성공적으로 관리하기 위해 고객님의 어떤 강점을 활용할 수 있을까요?

고객　저는 신중하고 꼼꼼한 편이에요. 세부 사항을 놓치지 않고 관리하는 게 제 강점이에요.

코치　신중하고 꼼꼼한 강점을 이번 프로젝트 관리에서 어떻게 적용하면 좋을까요?

예시 3. 강점과 목표를 연결할 때

고객의 목표와 강점이 연결될 때 고객은 더욱 즐겁게 일할 수 있고 목표 달성의 효과도 더 높아질 수 있다.

고객	이번 과제는 새롭게 기술을 배우면서 동시에 현업에 적용해
	야 하는 어려움이 있습니다.
코치	그러시군요. 배우면서 동시에 현업에 적용하기 위해 고객님
	의 어떤 강점을 사용할 수 있을까요?
고객	저는 배우는 것도 좋아하지만, 배운 걸 남에게 설명하는 것도
	좋아합니다. 사람들이 저의 설명을 들으면 이해가 잘된다고
	합니다. 그게 저의 강점이라고 생각됩니다.
코치	그 강점을 어떻게 활용하실 건가요?
고객	새로운 기술을 배우면, 그 배운 내용을 직원들에게 설명하겠
	습니다. 그렇게 되면 배운 내용을 깊이 이해할 수 있고 즐겁
	게 현업에 적용할 수 있을 거 같습니다.

코칭을 마무리하는 방법

코칭을 마무리할 때 서둘러서 급하게 코칭을 끝내는 코치들이 있다. 코칭의 마무리는 고객으로 하여금 스스로 코칭의 주체임을 느끼게 하고, 코칭을 온전하게 종료함으로써 코칭의 효과를 극대화할 수 있어야 한다. 이 과정에서 주로 사용하는 질문들의 배경과 맥락에 대해 살펴보자.

코칭을 마무리할 때 주로 다음과 같은 질문을 활용한다.

오늘 코칭을 마무리해도 될까요?

- 고객이 코칭 세션이 충분히 이루어졌다고 느끼는지 확인하고, 대화를 마무리할 준비가 되었는지 묻는 질문이다.
- 고객이 코칭의 주체로서 스스로 대화의 마무리 여부를 결정하도록 하여 책임감을 갖게 해준다.
- 세션이 끝나기 전에 더 다루고 싶은 내용이 있는지 파악할 수 있다.

서둘러 마무리하는 느낌이 들지 않도록 주의해야 한다. 고객이 아직 더 논의하고 싶은 부분이 있는지 충분히 확인한 후에 질문하는 게 중요하다.

오늘 코칭을 통해 무엇을 배웠습니까?

- 고객으로 하여금 코칭 세션에서 배운 것에 대해 스스로 성찰하도록 돕는 질문이다.
- 고객은 코칭에서 다룬 내용을 자신의 삶에 적용할 수 있게 된다.
- 코칭에서 다루었던 내용을 말로 표현하면서 자기 효능감이 높아진다.

고객이 생각할 수 있는 시간을 충분하게 주고, 대답을 강요하지 않는 유연한 태도로 질문해야 한다.

오늘 코칭에서 기억에 남는 것은 무엇인가요?

- 코칭 대화 중에 인상 깊었던 부분을 되짚어보게 하는 질문이다.
- 고객은 기억에 남는 부분을 스스로 되새기면서 강한 인상을 받았

던 내용을 강화할 수 있다.

- 핵심 통찰이나 중요한 순간을 스스로 다시 인식함으로써 코칭 대화의 의미가 더욱 깊어진다.

기억에 남는 게 없는 경우도 있을 수 있으므로, 고객이 부담을 느끼지 않도록 맥락에 맞게 질문해야 한다.

오늘 코칭을 통해 새롭게 발견한 것은 무엇입니까?

- 고객이 어떤 통찰이나 발견을 했는지 묻는 질문이다.
- 고객으로 하여금 자신의 새로운 발견을 인식하고 명확하게 표현하게 함으로써 통찰을 더 깊이 받아들일 수 있다.
- 코칭 세션이 새로운 시각이나 해법을 제공했음을 확인하게 되어 코칭의 성과를 높인다.

새로운 발견이 없다고 느낄 수도 있기 때문에 고객이 무언가를 발견해야 한다는 부담을 느끼지 않도록 맥락에 맞게 질문해야 한다.

오늘 코칭을 통해 자신에 대해 알게 된 것은 무엇입니까?

- 코칭 대화를 통해 자신에 대해 어떤 새로운 이해를 얻었는지 묻는 질문이다.
- 고객은 자신에 대해 새롭게 깨달은 부분을 인식하면서, 자기 이해와 자아 인식을 높이게 된다.
- 고객의 자기 성장을 촉진하고, 고객이 스스로를 더 잘 이해할 수 있게 돕는다.

——— 코칭이 심리학을 만났을 때

코칭 세션을 통해 고객이 자신에 대한 새로운 알아차림이 있다고 여겨질 때, 이를 강화해주기 위해서 사용한다. 세션에서 고객에 대한 알아차림을 다루지 않았을 경우엔 이 질문은 하지 않는 것이 당연할 것이다.

오늘 코칭을 통해 성취한 것은 무엇입니까?

- 고객이 코칭에서 성취한 게 무엇인지 인식하게 하는 질문이다.
- 고객은 자신의 성과와 진전을 인식하며 그 성취가 목표 달성에 기여했음을 깨닫게 된다.
- 고객은 성취감을 느끼게 되고 자기 효능감을 강화하며 다음 행동으로 이어지는 동기를 부여한다.

고객이 세션을 통해 특별한 성취를 한 게 없다고 느낄 수도 있으므로, 이 질문은 맥락에 맞게 사용해야 한다.

오늘 코칭에서 어떤 것이 의미가 있었나요?

- 코칭 대화에서 특별히 의미를 느낀 부분이 무엇인지를 묻는 질문이다.
- 고객은 의미를 찾으면서 자신에게 어떤 영향을 미쳤는지 깊이 생각하게 된다.
- 코칭의 효과를 고객 스스로 내면화하는 데 기여한다.

세션을 통해 특별한 의미를 느끼지 못할 수도 있으므로, 이 질문도 상황에 맞게 주의해서 사용할 필요가 있다.

오늘 코칭을 통해 관점이 전환된 것은 무엇입니까?

- 코칭 대화를 통해 고객의 관점이 어떻게 변화했는지를 묻는 질문이다.
- 고객은 스스로 어떤 관점의 전환이 있었는지 성찰하게 된다.

고객의 관점 전환이 있었다고 판단되는 경우에만 사용한다.

무엇을 실천하기로 했나요?

- 고객으로 하여금 실행할 내용을 명확하게 표현하도록 해준다.
- 고객은 행동 계획을 말로 표현함으로써 실행 의지를 강화하게 된다.

실행 계획이 모호하거나 부담스러울 경우, 계획을 구체적이고 실현 가능하도록 재확인할 필요가 있다.

코칭의 마무리는 코칭의 효과를 극대화할 수 있어야 한다. 고객의 통찰이 행동으로 연결되고 내면화될 수 있도록 충분한 시간을 가지고 마무리해야 한다.

지금까지 실제 코칭 대화에서 사용되고 있는 주요 코칭 질문 사례를 통해 각 질문이 담고 있는 의미와 효과에 대해 살펴보았다. 여기서 소개된 질문들은 마치 약방의 감초처럼 다양한 상황에서 자주 등장하는 강력한 질문들이다.

그러나 아무리 훌륭한 질문이라도 타이밍과 맥락에 맞지 않으면 그 가치를 잃고 무용지물이 되고 만다. 코칭 질문을 효과적으로 사용하기 위해선 각 질문이 가진 의미와 의도를 깊이 이해하고 주의 사항들을 충분히 숙지해야 할 것이다.

제13장

코칭 대화 예시

앞에서 소개한, 실전에서 자주 사용되는 주요 질문들을 활용한 코칭 대화의 예시를 살펴보자.

예시 1. 대인관계 갈등에 대처하는 방법

고객은 자신을 험담하고 다니는 직장 동료 때문에 스트레스를 받고 있다. 코칭을 통해 문제를 해결하고 싶어 한다.

코치   고객님 안녕하세요? 그동안 어떻게 지냈습니까?

고객   음…… 글쎄요. 그냥 바쁘게 지낸 거 같아요. 회사 일도 많고,

가족들도 신경 쓸 게 많았고요.

코치 많이 바쁘셨군요. 주로 어떤 일들에 시간을 많이 쓰셨나요?

고객 그냥 하루하루가 똑같고……. 사실 기억도 잘 안 나는 걸 보니 특별히 의미 있는 건 없었던 거 같네요.

코치 의미 있는 일이라……. 혹시 최근에 만족스러웠던 순간이 생각나는 게 있나요?

고객 아! 지난주에 가족들과 캠핑을 다녀왔어요. 아이들이 그렇게 신나 하는 걸 보니 저도 기분이 좋더라고요.

코치 캠핑이요? 아이들과 함께 시간을 보내면서 어떤 점이 좋았나요?

고객 특별하다고 할 건 없지만, 제가 직접 요리를 했습니다. 평소엔 요리를 잘 안 하는데, 아이들이 아빠가 한 요리가 너무 맛있다고 좋아했습니다. 덕분에 하루 종일 기분이 좋았습니다.

코치 캠핑 가서 가족들과 시간을 함께 보낸 게 정말 좋았나 보군요. 그때를 생각하면 어떤 게 떠오르나요?

고객 지금 생각해보니, 가족들과 함께 보내는 시간은 저에게 진짜 중요한데 제가 그걸 자꾸 잊고 사는 거 같아요. 앞으로는 가족들과 함께하는 시간을 더 많이 가져야겠다는 생각이 듭니다.

코치 가족들과 함께하는 시간을 더 많이 가지고 싶어 하는 고객님은 어떤 분인가요?

고객 가족을 중요하게 생각하는 사람? 가족과 행복한 시간을 함께하고 싶은 사람? 생각해보니 저의 가장 중요한 우선순위가 가족이네요. 가족은 서로 위로해주는 자신의 분신과도 같은 거 같아요.

코치 고객님에겐 가족이 자신의 분신과 같은 거군요. 그러면 오늘 코칭 시간이 어떤 시간이 되기를 원하십니까?

고객 제가 요즘 직장 동료 때문에 스트레스를 많이 받고 있는데, 코치님에게 위로받고 지지받는 시간이 됐으면 좋겠습니다. 아울러 제가 성찰할 수 있는 시간도 될 수 있으면 좋겠고요.

코치 위로와 지지의 시간, 성찰하는 시간이 됐으면 좋겠다는 말씀이군요. 잘 알겠습니다. 코치로서 최선을 다하도록 하겠습니다.

고객 감사합니다.

코치 오늘은 어떤 이야기를 하고 싶은가요?

고객 아까 직장 동료 때문에 스트레스를 많이 받는다고 말씀드렸는데, 요즘 자꾸 저를 험담하고 다니는 동료가 있습니다. 어떻게 해야 할지 잘 모르겠어요…….

코치 조금 더 자세하게 말씀해주실래요?

고객 요즘 새로운 프로젝트를 하게 됐는데, 함께 프로젝트를 하는 동료가, 제가 없는 데서 저를 험담하고, 제가 하지도 않은 말을 지어내서 퍼뜨리고 다녀서 제가 정말 힘듭니다.

코치 지금 말씀하시면서 목이 메어 하시는 거 같았는데, 지금 마음이 어떠세요?

고객 답답하고…… 화도 나고…… 짜증이 납니다.

코치 그러시군요. 몸의 어디에서 답답함이 느껴지나요?

고객	가슴이 제일 답답한 거 같아요…….
코치	화는 어디에서 느껴지나요?
고객	머리에서 느껴지는 거 같습니다…….
코치	고객님은 지금까지 이렇게 답답하거나 화가 날 때 어떻게 하셨나요?
고객	뭐 특별한 거 없이 그냥 꾹 참고 있었던 거 같아요…….
코치	그렇게 꾹 참고 있는 자신을 생각하면 어떤 감정이 드나요?
고객	조금 답답하고, 제 자신에게 실망스러운 느낌도 들어요.
코치	그건 어떤 의미인가요?
고객	그냥 제가 못났다고 느껴져서요…….
코치	그렇게 답답하게 느끼면서도 꾹 참는 어떤 이유가 있나요?
고객	예전에 동료와 크게 다툰 일이 있었는데, 그때부터 다른 사람들이 저를 피하는 거 같았습니다. 그 일이 있은 후부터 웬만하면 그냥 참는 게 좋다고 생각하고 있습니다.
코치	그랬군요. 앞으로도 계속해서 그렇게 참으면 어떻게 될까요?
고객	사람들이 저를 만만하게 여기겠지요…….
코치	지금 말하면서 목소리가 떨리는 거 같은데, 지금 마음이 어떠세요?
고객	생각할수록 답답하고 화가 나요.
코치	고객님이 이 상황에서 마음대로 할 수 있다면, 어떻게 하고 싶으세요?
고객	여러 가지 마음이 동시에 떠올라서 혼란스러워요…… 어떻

게 해야 할지 잘 모르겠어요…….

코치 그 동료와의 관계가 어떻게 되고 싶으세요?

고객 그것도 잘 모르겠어요. 지금처럼 나쁜 관계가 지속되는 걸 원하지는 않지만, 그렇다고 무조건 그냥 잘 지내고 싶은 마음은 없는 거 같아요.

코치 고객님, 실험을 하나 해보실래요?

고객 예, 좋습니다.

코치 눈을 감아보시겠어요? 지금부터 제 질문에 마음속으로만 대답하시면 됩니다. 심호흡을 깊게 세 번 해보세요. 직장 생활을 하면서 제일 큰 성취를 이루었던 때를 떠올려보실래요? 언제였습니까? 무슨 일이 있었습니까? 그때 어떻게 했습니까? 어떤 성과를 얻었습니까? 그때 옆에 누가 있었습니까? 그들이 어떤 칭찬을 해주었습니까? 그때의 기분은 어땠나요?

(고객은 눈을 감고 상상을 한다.)

코치 또 직장 생활을 하면서 가장 행복했던 순간을 떠올려보세요. 뭐가 보이나요? 어떤 소리가 들리나요? 몸에서 뭐가 느껴지나요? 그 순간을 스냅샷으로 찍어보세요.

(잠시 기다린다.)

코치 이제 심호흡을 세 번 하시고, 제일 큰 성취를 이루었던 때, 제일 행복했던 때의 고객님이라면 지금 어떻게 하시겠습니까? 생각이 정리되면 눈을 떠주세요.

고객 생각이 약간 정리되는 거 같습니다.

코치	어떻게 정리되셨나요?
고객	일단 제가 냉정함과 침착함을 유지하는 게 제일 중요할 거 같아요.
코치	그건 무슨 의미인가요?
고객	제가 크게 반응하거나 감정적으로 휘말리면 오히려 그 친구가 좋아할 거 같아요. 그 친구가 원하는 대로 제가 무너지는 게 되겠지요.
코치	그렇게 되지 않기 위해 구체적으로 뭘 하겠습니까?
고객	저를 지지해주는 동료와 친구들에게 이 사실을 털어놓고 응원과 지지를 받고 싶어요. 그 과정에서 심리적인 안정을 찾는 게 중요할 거 같습니다.
코치	그리고 또 무엇을 하겠습니까?
고객	그 친구의 뒷담화가 사실이 아니라는 걸 입증하려면, 제가 다른 사람들에게 신뢰를 얻을 수 있어야 하겠네요. 그렇게 되기 위해선 매사에 제가 신뢰받을 수 있는 말과 행동을 해야겠지요.
코치	다른 사람들에게 신뢰받을 수 있는 말과 행동을 하고, 또 어떻게 하겠습니까?
고객	그 친구의 험담에도 제가 흔들리지 않고, 상사나 다른 동료들에게 긍정적인 평판을 얻게 되면, 그 동료의 말이 사실이 아닌 걸로 저절로 드러나지 않을까요?
코치	그렇게 되면 저절로 해결될 수 있다고 생각하시는군요.

고객	그렇습니다.
코치	지금 코칭이 고객님이 원하는 방향으로 잘 진행되고 있나요?
고객	예, 그렇습니다. 코치님이 제 이야기를 들어주는 것만으로도 위로가 되는데, 코치님이 질문을 통해 제가 방법을 찾을 수 있도록 지원해주시는 거 같아서 매우 만족하고 있습니다.
코치	그러면 이 문제가 고객님이 원하는 상태로 해결된 모습을 은유나 이미지로 표현해보시겠어요?
고객	한바탕 소나기가 지나가고 난 후에 푸른 햇살이 비치는 맑은 하늘이 떠올랐어요.
코치	지금 말하면서 기분이 어떠세요?
고객	정말 이렇게 된다면 직장 생활이 훨씬 덜 힘들 거 같아요.
코치	그렇게 되기 위해 고객님의 어떤 강점을 사용하시겠습니까?
고객	제가 공감을 잘하고 화합 능력이 뛰어나다는 말을 많이 듣고 있는데, 이 친구와 왜 이렇게 됐는지 도저히 잘 모르겠어요.
코치	고객님의 공감과 화합 능력을 어떻게 사용하고 싶은가요?
고객	갑자기 이 친구에게도 저의 강점을 보여주고 싶어지네요. 제가 먼저 다가가서 대화를 시도해보고 싶어요. 이유를 묻거나 따지지 않고, 먼저 그 친구를 공감해주고, 우리가 함께 잘 생활할 수 있는 화합의 포인트를 찾고 싶어요.
코치	고객님의 강점의 햇살을 그 친구에게도 비추겠다는 말씀이군요.
고객	맞습니다. 바로 그겁니다. 저의 공감과 화합의 햇살을 그 친

구에게도 비춰주고 싶어요.

코치   그렇게 하는 데 예상되는 애로 사항은 뭘까요?

고객   저의 심리적인 안정감이지요. 제가 흔들리지 않고 침착하게 평정심을 유지하기만 하면 잘될 거 같아요.

코치   더 하고 싶은 이야기가 있으신가요?

고객   이걸로 충분하게 정리된 거 같습니다.

코치   그럼, 오늘 코칭을 정리해보기로 할까요? 오늘 코칭을 통해 자신에 대해 알게 된 건 무엇인가요?

고객   제가 가족을 매우 중요하게 생각하고 있다는 걸 알게 됐고, 동료들과 좋은 관계를 맺으면서 일하고 싶어 한다는 것도 알게 됐습니다.

코치   새롭게 알게 된 건 무엇인가요?

고객   제가 동료들과 좋은 관계를 맺고 싶어 하면서도, 그 친구에게는 제가 먼저 다가가지 않았고, 저의 강점을 활용해서 포근하게 대해주지도 않았다는 걸 알게 됐습니다.

코치   오늘 코칭을 통해 관점이 전환된 건 무엇인가요?

고객   동료들과 갈등이 있을 때, 그냥 무작정 참는 건 좋은 방법이 아니라는 걸 알게 됐습니다. 다른 사람의 험담에도 감정적으로 휘둘리지 않고 침착하게 행동하는 게 중요하다는 것도 알게 됐습니다. 앞으로는 이런 갈등이 있을 때, 그냥 참을 게 아니라, 감정적으로 휘둘리지 않으면서 침착하게 대화를 시도해야 한다는 걸 깨달았습니다.

코치	오늘 코칭의 결과로 앞으로의 삶이 어떻게 달라질까요?
고객	동료들과의 관계가 더 좋아질 거 같고, 혹시 갈등이 생기더라도 적극적으로 대처해서 다시 좋은 관계로 만들 수 있을 거 같습니다.
코치	제가 오늘 코칭을 통해 발견한 것은, 고객님은 가족과 동료 등 관계를 매우 중시하는 분이라는 겁니다. 그리고 좋은 인간관계를 만들기 위해 다른 사람들의 노력을 먼저 요구하기보다, 고객님 자신이 먼저 다가가려고 한다는 것도 알게 됐습니다. 그리고 사람들과의 관계에서 자신의 강점인 공감과 화합 능력을 잘 활용하고 있는 분이라는 것도 알게 됐습니다. 고객님의 관계에 대한 진정성을 지지합니다. 고객님의 노력이 좋은 결실을 맺기를 응원하겠습니다.
고객	감사합니다.
코치	이것으로 코칭을 마무리해도 될까요?
고객	예, 감사합니다.
코치	감사합니다.

예시 2. 고연령 저성과자를 대하는 방법

고객은 성과가 낮은 고참 사원과의 관계에서 스트레스를 받고 있다. 코칭을 통해 해결 방법을 찾고 싶어 한다.

──────── 코칭이 심리학을 만났을 때

코치   고객님 안녕하세요?

고객   코치님 안녕하세요?

코치   그동안 어떻게 지냈나요?

고객   많이 바쁘게 지냈던 거 같아요. 정신이 없네요. 시간이 정말 빨리 지나갑니다.

코치   많이 바쁘셨군요. 주로 어떤 일로 바빴나요?

고객   요즘 실적이 너무 안 좋아서 회사 전체가 비상입니다. 매일 새벽에 나와서 야근하고 저녁 늦게 퇴근하느라 정신을 차릴 수가 없습니다.

코치   정말 많이 바쁘시군요. 그렇게 바쁜데도 불구하고, 코칭 약속을 지켜주셔서 감사합니다.

고객   뭘요. 이 시간은 저를 위한 건데 당연히 시간을 내야지요. 오히려 멀리까지 찾아와주신 코치님께 감사드립니다.

코치   지금 컨디션은 괜찮은가요? 혹시 불편한 건 없으신가요?

고객   예, 괜찮습니다.

코치   대화가 진행되는 중에 혹시라도 불편한 게 있으면 언제든지 말씀해주세요.

고객   예, 알겠습니다. 감사합니다.

코치   오늘 이 시간이 어떤 시간이 되기를 원하시나요?

고객   제가 요즘 많이 바쁘기도 하고, 정신적으로 스트레스를 많이 받고 있습니다. 코치님에게 위로받고 재충전하는 시간이 됐으면 좋겠습니다.

코치 예, 잘 알겠습니다. 제가 위로가 될 수 있도록 노력하겠습니다.

고객 감사합니다.

코치 오늘 어떤 이야기를 하고 싶은가요?

고객 팀원 중에 나이는 많은데 성과가 저조한 고참 사원이 있습니다. 이분은 예전에 팀장을 하다가 성과가 나빠서 지금은 팀장에서 물러난 상태인데 저보다 선배입니다. 이분은 자기가 선배라고 자기 마음대로 일하고, 고집이 아주 세서 팀장인 제 말도 잘 듣지 않습니다. 이분을 어떻게 대해야 할지 정말 스트레스가 많습니다.

코치 성과가 저조한 고참 사원 때문에 스트레스를 많이 받고 계시는군요. 많이 힘드시겠어요. 그런데 이 주제를 가져온 특별한 계기가 있으신가요?

고객 얼마 전에 그 고참 사원과 사무실에서 언성을 높이고 다툰 적이 있습니다. 그때 사무실 분위기가 냉랭해지고 다른 팀원들도 불안해하는 모습이 보여서, 이거 뭔가 잘못되고 있구나 하는 생각이 들었습니다.

코치 많이 당황스러웠겠네요. 그때 상황을 생각하면, 지금 어떤 감정이 드나요?

고객 짜증이 납니다. 그분은 제가 신입 사원 때부터 저의 선배로 일했는데, 항상 자기주장이 강하고 막무가내 스타일이라 많이 힘들었습니다.

코치 많이 힘드셨군요. 그럴 때 고객님은 어떻게 했었나요?

고객	두고 보자! 내가 당신보다 더 빨리 승진할 거니까, 그때 보자! 이런 생각들을 했던 거 같습니다.
코치	그분 때문에 스트레스를 많이 받았다는 게 느껴지네요. 그래서 빨리 승진하고 싶었군요.
고객	꼭 그거 때문만은 아니지만, 저는 열심히 일하고 지속적으로 좋은 성과를 내서 그분보다 빨리 승진했습니다.
코치	그러셨군요. 지금 이 이야기를 하면서 마음이 어떠세요?
고객	불현듯 우습다는 생각이 드네요.
코치	무슨 말씀인지요?
고객	그 선배 때문에 제가 열심히 일했다는 건 핑계인 거 같아요. 그냥 저는 열심히 일해서 빨리 승진하고 싶은 거였어요. 그 선배가 있든 말든, 저는 열심히 일했을 겁니다. 그런데 일하는 과정에서 받았던 스트레스를 그 선배 탓으로 돌리고 있네요.
코치	굉장히 솔직하시군요.
고객	사실이 그런 거 같아요. 그 선배는 그냥 핑계고, 일하는 과정에서 많이 힘들었을 뿐이에요.
코치	오늘 코칭 주제가 그 선배를 어떻게 대하면 좋겠는지 방법을 알고 싶다는 거였는데, 지금 하고 있는 이야기와 어떻게 연결되나요?
고객	저도 처음엔 그 선배를 대하는 방법에 대해 이야기하고 싶었는데, 코치님과 이야기를 나누다 보니 제가 진짜로 하고 싶은 이야기는 그게 아닌 거 같아요.

코치	그러시군요. 지금 잠시 멈추고 마음에 집중해보시면, 어떤 감정이 느껴지나요?
고객	많이 힘들어요. 그 선배 때문에 힘들기도 하고, 실적 때문에 힘들기도 하고, 상사 때문에 힘들기도 해요. 그냥 모든 것이 힘든 게 문제인 거 같아요.
코치	지금 모든 게 힘들다고 하셨는데, 그 힘든 걸 혹시 색깔로 표현하면 어떤 색일까요?
고객	회색과 검은색이 겹쳐서 어우러져 있는 거 같아요.
코치	회색과 검은색이 겹쳐서 어우러져 있는 거 같다……. 지금 말씀하신 내용에 어떤 메시지가 있는 거 같아요. 그게 뭘까요?
고객	요즘 제가 너무 지쳐 있어요. 쉬어가면서 일하라는 내면의 메시지인 거 같아요.
코치	내면에서 쉬어가면서 일하라는 메시지를 주고 있군요.
고객	그런 거 같아요.
코치	지금 말하면서 몸에서 뭐가 느껴지나요?
고객	뭔가 뻥 뚫리는 느낌이 들어요.
코치	무슨 뜻인가요?
고객	지금 상황이 보기엔 복잡하게 보이지만 사실은 간단하게 느껴져요. '실적에 너무 얽매이지 말고, 일단 쉬어라. 길게 봐라!' 이런 생각이 들어요.
코치	길게 봐라! 일단 쉬어라!
고객	예, 그렇습니다.

코치	고객님의 이야기를 들으면서 저에게 '용기'라는 단어가 떠올랐습니다.
고객	맞는 거 같아요. 저에겐 지금 용기가 필요한 거 같아요.
코치	고객님에게 '용기'란 어떤 의미인가요?
고객	비록 선배 사원이지만, 틀린 거에 대해선 욕을 먹는 한이 있더라도 단호하게 요구하고 지적하는 게 용기인 거 같아요. 제가 눈치를 너무 많이 보는 거 같아요.
코치	지금 말하면서 목소리가 느려지고 힘이 없는 거 같네요.
고객	마음 한편으로는, 제가 너무 실적에 얽매여서 인간관계를 놓치고 있는 건 아닌가 하는 생각도 들어요.
코치	실적과 인간관계, 용기가 어떻게 연결되나요?
고객	솔직하게 피드백을 하는 것도 용기지만, 너무 실적에만 얽매이지 말고 인간관계도 살필 줄 아는 것도 용기인 거 같아요. 실적에 대한 압박감을 내려놓을 줄 아는 용기라고 할까요…….
코치	솔직하게 피드백을 하는 것도 용기고, 실적에 대한 압박감을 내려놓는 것도 용기군요.
고객	이 둘이 서로 다른 거 같지만, 실제론 서로 연결되어 있거든요. 정말 잘하는 팀장들은 이 둘을 모두 균형 있게 잘하는 거 같아요.
코치	균형이 중요한 거군요.
고객	균형 그 자체가 중요한 게 아니라, 그 둘이 모두 중요하다는

뜻입니다. 실적도 잘 내야 하고, 인간관계도 잘 유지해야, 그게 선순환을 하면서 지속적으로 성과를 낼 수 있는 기반이 되는 거지요.

코치 지금 말하면서 마음이 어떠세요?

고객 맥이 빠져요. 실적과 인간관계 모두 중요한데, 저는 그렇게 하지 못하고 있는 거 같아서 힘들어요. 그래도 힘을 내야지요. 다른 팀장들은 잘하는데, 저라고 못 할 것도 없잖아요.

코치 실적과 인간관계 둘을 동시에 살피는 노력이 고객님에겐 '용기'이군요.

고객 그런 거 같아요.

코치 그 용기는 고객님의 어떤 가치와 연결되어 있나요?

고객 저는 일과 삶의 균형이 중요하다고 생각해요. 일을 열심히 하는 건 결국 행복하기 위해서인데, 그 과정에서 모든 걸 희생하면 안 된다고 생각해요. 행복을 위해 열심히 일하는 게, 인간관계를 망치게 하면 안 된다고 생각해요.

코치 지금 말을 하면서 고객님 자신에 대해 알게 된 건 무엇인가요?

고객 일과 삶의 균형이 중요한데, 그걸 놓치고 있어서 안타까워하고 있는 거 같아요.

코치 지금 코칭이 고객님이 원하는 방향으로 제대로 진행되고 있나요?

고객 예. 이게 제가 진짜로 나누고 싶은 이야기인 거 같습니다.

코치 뭔지 모르지만, 지금이 고객님에게 매우 중요한 전환점이라는 느낌이 드네요.

고객	예. 더 늦기 전에 그 선배와 화해도 하고, 하고 싶은 말도 솔직하게 털어놓는 기회를 만들고 싶어요. 조만간 단둘이서 술 한잔해야겠어요.
코치	지금 말하면서 표정이 어두워 보이네요.
고객	그런 거 같아요. 꼭 이렇게까지 해야 하나? 하는 망설임도 있어요.
코치	망설임이라……. 지금 뭔가 말하지 않는 게 있는 거 같네요.
고객	코치님, 사실은 저도 어쩌면 팀장 자리에서 물러나야 할지도 모르겠어요. 요즘 실적이 너무 안 좋거든요. 저도 그 선배처럼 실적 나쁜 고참 사원이 되는 건 아닌지 불안해요.
코치	솔직하게 마음속 이야기를 해주셔서 감사합니다. 지금 말씀하신 내용을 돌이켜볼 때, 고객님은 어떤 사람인가요?
고객	글쎄요. 매사에 신중하려고 노력하고, 다른 사람을 배려하려고 노력하고 있는 거 같아요.
코치	제가 볼 때도 고객님은 매우 솔직하고, 생각이 깊고, 배려하는 사람인 거 같아요.
고객	감사합니다. 그렇게 되려고 노력하는 편이에요.
코치	지금 말하면서 어떤 생각이 드나요?
고객	이대로는 안 되겠다. 뭔가 해야겠다는 생각이 강하게 듭니다.
코치	뭔가를 해야겠다고 말씀하셨는데, 10년 후에 지금 이 상황을 돌이켜본다면, 뭘 해보고 싶은가요?
고객	제가 정년이 꼭 10년 남았는데, 10년 후면 정년퇴직을 하겠

네요. 정년퇴직을 할 때의 관점에서 지금 이 상황을 돌이켜본다면…… 일단 그 선배와 허심탄회하게 이야기하는 시간을 가져야겠네요. 내가 불편한 게 뭔지 솔직하게 말하고, 그 선배의 마음도 알아보는 시간이 필요할 거 같아요. 이대로 계속 가다간 정말 안 될 거 같아요. 그러고 보니, 그 선배 정년퇴직이 몇 년 안 남았네요.

코치 그 선배와 이야기를 나눌 때, 고객님의 어떤 강점을 활용하시겠습니까?

고객 저의 강점이요? 저는 솔직하고, 신중하고, 배려하는 게 강점이니까, 이걸 그대로 잘 활용해야겠네요. 먼저 신중하게 생각하고 난 후에, 솔직하게 제 마음을 털어놓고, 그 선배의 마음도 배려하는 게 중요한 거 같네요.

코치 그렇군요. 혹시 뭐가 더 필요할까요?

고객 지금으로선 딱히 생각나는 게 없는 거 같아요.

코치 그럼 실험을 한번 해봐도 될까요?

고객 실험이요? 예, 좋아요.

코치 주위를 한번 둘러보실래요? 뭐가 보이나요?

고객 컴퓨터 모니터가 보입니다.

코치 컴퓨터 모니터의 관점에서 이 상황을 보면, 뭐가 더 필요할까요?

고객 일단 시간을 가지고 그 선배를 관찰할 필요가 있을 거 같아요. 그 선배의 관심이 뭔지, 어떤 애로 사항이 있는지를 먼저 살펴야 할 거 같아요.

코치	또 뭐가 보이나요?
고객	책상이 보입니다.
코치	책상의 관점에서 보면, 뭐가 더 필요할까요?
고객	일단 준비하는 시간이 필요할 거 같아요. 그리고 이야기를 나눌 수 있는 편안한 공간을 선택해서 이야기를 시도해야 할 거 같아요.
코치	또 뭐가 보이나요?
고객	시계가 보입니다.
코치	시계의 관점에서 보면, 뭐가 더 필요할까요?
고객	시간을 지체하지 말고 빨리 서둘러야 할 거 같아요.
코치	지금 여러 사물의 관점에서 뭐가 더 필요한지에 대해 살펴보았는데, 어떤 관점이 제일 마음에 드나요?
고객	시계가 제일 마음에 들어요. 더 이상 시간을 낭비하지 말고 빨리 서둘러서 시간을 가져야 할 거 같아요.
코치	언제 시작하겠습니까?
고객	일단 이번 주말에 여러 각도로 생각해보고 난 후에, 다음 주 목요일쯤 그 선배와 단둘이 술 한잔해야겠습니다.
코치	혹시 그걸 실천하는 데 예상되는 장애는 뭘까요?
고객	그 선배가 시간이 없다거나, 쑥스럽다거나 하는 등의 이유로 술자리를 하지 않으려고 할 가능성이 있긴 합니다.
코치	그건 어떻게 해결하겠습니까?
고객	이번 주말에 잘 생각하고 난 후에, 월요일에 진솔한 내용의

카톡을 보내면 좋을 거 같아요. 그 선배도 저와 이야기를 나누고 싶은 마음이 조금은 있을 거 같아요.

코치   그 대화를 성공적으로 마무리하기 위해, 고객님의 어떤 강점을 발휘하겠습니까?

고객   아무래도 저의 신중함과 솔직함 그리고 배려하는 마음이 잘 묻어나야 할 거 같아요.

코치   고객님의 강점이 잘 발휘되어서 대화를 성공적으로 잘 마무리할 수 있기를 기대하겠습니다.

고객   감사합니다.

코치   혹시 더 나누고 싶은 이야기가 있으신가요?

고객   오늘은 이 정도면 될 거 같습니다. 일단 그 선배와 이야기를 나누고 난 후에 그 결과를 가지고 코치님과 또 대화를 나누고 싶습니다.

코치   그럼 오늘 대화를 마무리해도 될까요?

고객   예, 좋습니다.

코치   오늘 대화에서 다룬 내용을 정리해주시겠어요?

고객   많은 이야기를 나눴는데, 제 마음속에 남는 건, 지금의 저에겐 균형과 용기가 필요하다는 겁니다.

코치   그 과정에서 무엇을 느꼈나요?

고객   모든 게 용기와 연결된다는 생각을 하게 됐습니다. 생각했으면 망설이지 말고, 용기 있게 실천해야 한다는 생각이 들었습니다.

코칭이 심리학을 만났을 때

코치   제가 오늘 코칭 세션을 통해 발견한 것은, 고객님은 생각이 깊고 솔직하며 남을 배려할 줄 하는 분이라는 것입니다.

고객   감사합니다. 저도 그렇게 되려고 노력하고 있습니다.

코치   그리고 오늘 세션을 통해, 고객님은 용기의 중요성에 대해 깨달음을 얻으신 거 같습니다. 오늘 대화를 통해 고객님에게 의미 있는 변화가 있기를 기대하겠습니다.

고객   감사합니다.

코칭은 알아차림이다

책을 쓰기 위해 공부하면서 새로운 내용을 많이 알게 됐다.

새로운 걸 안다는 건, 모른다는 걸 안다는 것과 같은 말이다.

20년 넘게 코칭을 공부했지만 아직도 배울 게 많다는 건 아직도 모르는 게 많다는 것이다.

모른다는 사실을 부끄러워하거나 두려워하지 않고, 모른다는 걸 섬세하게 잘 알아차리고, 있는 그대로 받아들일 수 있다면 얼마나 좋을까?

나에겐, 모른다는 걸 알아차리는 순간은 언제나 배움의 순간이었다.

모른다는 사실조차도 모르는 게 문제였다.

내가 무엇을 알고 있고, 무엇을 모르고 있는지를 잘 알아차린다는 건 축복이다.

성장 측면에서 축복이고, 관계 측면에서도 대단한 축복이다.

코치에겐 특별하게 더 이런 알아차림이 요구된다.
'자신이 어떤 마음가짐으로 코칭을 하고 있는지에 대한 알아차림'
'고객이 무엇을 말하고 있는지, 말하지 않고 있는 것은 무엇인지에 대한 알아차림'
이런 알아차림은 코칭의 근간이 된다.
'오늘 코칭에서 어떤 점이 좋았는가?'
'오늘 코칭에서 아쉬운 점은 무엇인가?'
'앞으로 무엇을 다르게 해야 하는가?'
이런 알아차림은 코치를 성장으로 이끈다.

코치는 질문으로 코칭을 수행한다.
어떤 질문은 고객의 마음을 따뜻하게 감싸기도 하고, 어떤 질문은 내면 깊숙한 상처를 건드리기도 한다.
'이 질문은 얼마나 따뜻한 질문인가?'
'이 질문은 고객에 대한 진정한 사랑이 묻어나는가?'
'이 질문은 혹시 고객을 당황하게 하지는 않는가?'
'이 질문은 혹시 고객의 마음에 상처를 주지는 않는가?'
자신의 질문에 대한 이러한 알아차림은 코칭의 판을 바꾼다.

코칭은 질문으로 시작해서 질문으로 끝난다.

그러므로 질문에 대한 알아차림은 코칭의 질을 결정한다.

이 질문을 왜 하는지, 이 질문의 배경은 무엇인지, 이 질문은 언제 하는 게 좋은지 등에 대해, 질문이 가진 심리학적 배경과 맥락을 이해하는 것은 질문에 대한 알아차림을 강화해준다.

질문에 대한 섬세하고 분명한 알아차림은 코칭의 품격을 높여줄 것이다.

질문은 마치 칼과 같다.

칼은 뭔가를 베는 힘이 있다.

칼은 뭔가를 자르려고 할 때 유용하게 쓸 수 있지만, 잘못 쓰면 큰 상처를 남길 수도 있다.

질문도 마찬가지다. 질문은 고객의 따뜻한 마음을 이끌어낼 수도 있고, 때로는 의도하지 않았던 슬픈 감정이나 기억을 건드릴 수도 있다.

질문에는 언제나 양날이 있다.

코치로서 우리는 항상 질문이라는 칼을 손에 쥐고 있다.

내가 쥐고 있는 질문의 칼날이 어디를 향하고 있는지, 그 끝에 무엇을 남기고 있는지, 칼을 쥔 손의 감각을 섬세하게 알아차려야 한다.

코칭에 임하는 자신의 마음가짐에 대한 섬세한 알아차림,

자신의 코칭 행위에 대한 세밀한 알아차림,

자신이 하고 있는 질문에 대한 분명한 알아차림,

이 모든 것들을 섬세하게 알아차리는 것, 이게 바로 코칭이다.

코칭은 이 모든 것들에 대한 세밀한 알아차림이다.

묻는다.
'나는 코치로서 무엇을 알아차리고 있는가?'

부록

정신역동 코칭 질문

- 이 주제와 관련하여, 과거에 어떤 비슷한 경험이 있었나요?
- 예전의 유사한 경험은 무엇인가요?
- 지금 느끼고 있는 감정이 과거의 어떤 사건과 연결되어 있나요?
- 과거에 해결되지 않은 어떤 문제가 이 상황에서 작용하고 있나요?
- 어린 시절에 어떤 일이 있었나요?
- 과거에 이와 유사한 패턴을 경험한 적이 있나요?
- 혹시 억압하고 있는 감정이 있나요?
- 충족되지 않은 욕구는 무엇인가요?
- 이 문제에 대해 무의식적으로 어떤 생각을 하고 있을까요?
- 이런 무의식이 삶의 다른 부분에 어떤 영향을 미치고 있나요?

행동주의 코칭 질문

- 성취하고자 하는 구체적인 목표가 무엇인가요?
- 목표를 달성하기 위해 구체적으로 어떤 행동을 하고 있나요?
- 그 행동이 어떤 결과를 가져왔나요?
- 그 행동이 목표 달성에 얼마나 효과적이었나요?
- 다른 새로운 방법이 있다면, 무엇일까요?
- 어떤 새로운 시도를 해보겠습니까?

- 어떤 장애물이 목표 달성을 방해하고 있나요?
- 그 장애물을 극복하기 위해 어떻게 하겠습니까?
- 지금 당장 실천할 수 있는 작은 행동은 무엇인가요?
- 무엇을 실천하겠습니까?

인본주의 코칭 질문

- 이 목표를 달성하는 것이 중요한 이유는 무엇인가요?
- 이 목표를 달성하면 삶이 어떻게 달라질까요?
- 이 목표 달성을 통해 궁극적으로 추구하는 것은 무엇인가요?
- 이 목표를 통해 진정으로 원하는 것은 무엇인가요?
- 당신의 삶에서 의미 있고 가치 있는 것은 무엇인가요?
- 이 목표는 당신의 중요한 가치를 어떻게 포함하고 있나요?
- 당신이 바라는 미래는 어떤 모습인가요?
- 미래의 모습이 되기 위해, 당신의 잠재력을 어떻게 활용할 수 있을까요?
- 그게 이루어지면, 어떤 점이 자랑스러울까요?
- 이 목표가 이루어진 모습은 어떤 모습일까요?
- 그 모습을 은유나 이미지로 표현해보시겠어요?
- 그 모습을 이룬 자신에게 뭐라고 인정해주고 싶은가요?

게슈탈트 코칭 질문

- 지금 이 순간 어떤 감정을 느끼고 있나요?

- 지금 몸에서 뭐가 느껴지나요?
- 지금 떠오르는 생각은 무엇인가요?
- 지금 느껴지는 감정은 무엇인가요?
- 지금 여기, 이 경험을 통해 무엇을 배우고 있나요?
- 지금 여기에서, 뭐가 불편하게 느껴지나요?
- 지금 여기에서, 알게 된 것은 무엇인가요?
- 지금 이 순간, 가장 중요한 것은 무엇인가요?
- 이런 상황이 당신의 삶에 어떤 영향을 미치고 있나요?
- 지금 여기에서, 어떤 새로운 걸 시도해볼 수 있을까요?

인지행동 코칭 질문

- 어떤 일이 있었습니까? 그때 어떤 느낌이 들었습니까?
- 그 느낌은 어떤 생각에서 비롯된 것인가요?
- 그 생각의 근거는 무엇인가요?
- 그 생각이 지속되면, 어떤 결과가 생길까요?
- 그 생각과 다른 관점이 있다면, 무엇일까요?
- 그 관점을 바꾸면, 어떤 일이 일어날까요?
- 그 생각이 바뀌면, 어떤 행동을 할 수 있을까요?
- 제일 먼저 시도해보고 싶은 것은 무엇인가요?
- 당장 시작할 수 있는 작은 행동은 무엇인가요?

긍정심리 코칭 질문

- 최근에 기뻤던 순간은 언제였나요?

- 오늘 하루 동안 감사했던 일은 무엇인가요?

- 어떤 활동을 할 때 몰입감을 느끼나요?

- 지금까지의 성취 중에서 자랑스러운 건 무엇인가요?

- 어떤 상황에서 활력을 느끼나요?

- 당신의 삶에 의미를 주는 건 무엇인가요?

- 당신의 강점은 무엇인가요?

- 당신에게 소중한 관계는 무엇인가요?

- 미래에 대해 기대되는 건 무엇인가요?

- 그동안 어떻게 지냈습니까?
- 오늘 어떤 시간이 되기를 원합니까?
- 오늘 어떤 이야기를 해볼까요?
- 조금 더 자세하게 말해주세요.
- 이 주제를 생각하게 된 계기가 무엇인가요?
- 지금 마음이 어떠세요?
- 지금 어떤 감정이 느껴지나요?
- 지금 몸에서 뭐가 느껴지나요?
- 그건 어떤 의미인가요?
- 고객님은 어떤 사람인가요?
- 지금 코칭이 제대로 진행되고 있나요?
- 그건 주제와 어떻게 연결되나요?
- 구체적으로 무엇을 하겠습니까? 그리고 또?
- 그것을 실행하는 데 고객님의 어떤 강점을 사용하겠습니까?
- 오늘 코칭을 마무리해도 될까요?
- 오늘 코칭에서 어떤 것이 의미가 있었나요?

국제코칭연맹의 핵심 역량과 이를 잘 드러낼 수 있는 질문을 소개한다(핵심 역량 1, 2는 생략).

핵심 역량 3. 코칭 합의를 도출하고 유지한다

정의: 고객 및 이해관계자와 협력하여 코칭 관계, 프로세스, 계획 및 목표에 대한 명확한 합의를 한다. 개별 코칭 세션은 물론 전체 코칭 과정에 대한 합의를 도출한다.

개별 세션 코칭 합의하기 질문

- 오늘 어떤 이야기를 해볼까요?
- 오늘 코칭이 끝났을 때, 무엇을 얻고 싶은가요?
- 이 주제를 생각하게 된 계기가 무엇인가요?
- 그게 어떻게 되기를 바라나요?
- 그게 이루어진 모습을 상상해보시겠어요?
- 그게 이루어진 모습을 스냅샷으로 찍어보시겠어요?
- 그 모습을 은유나 이미지로 표현해보시겠어요?
- 그걸 생각하면 몸에서 뭐가 느껴지나요?
- 그걸 해결하는 게 고객님에게 어떤 의미가 있나요?

핵심 역량 4. 신뢰와 안전감을 쌓는다

정의: 고객과 함께, 고객이 자유롭게 의견을 나눌 수 있는 안전하고 지지적인 환경을 만든다. 상호 존중과 신뢰 관계를 유지한다.

신뢰와 안전감 쌓기 질문

- 오늘 이 시간을 통해 무엇을 얻고 싶은가요?
- 오늘 이 시간이 어떤 시간이 되기를 원하나요?
- 오늘 이 공간이 어떤 공간이 되기를 원하나요?
- 오늘 제가 어떤 방식으로 코칭 대화를 진행하길 원하나요?
- 코치에게 요구할 내용이 있으면 언제든지 편안하게 말씀해주세요.
- 지금 컨디션이 어떤가요? 혹시 지금 불편한 건 없으신가요? 코칭 중에 불편한 게 있으면 언제든지 말씀해주세요.
- 오늘 제가 고객님의 상황이나 감정에 대해 알아야 할 게 있으면 말해주세요.
- 그동안 어떻게 지냈나요? 그동안 어떤 감사한 일이 있었나요? 어떤 보람 있는 일이 있었나요?

핵심 역량 5. 프레즌스를 유지한다

정의: 개방적이고 유연하며 중심이 잡힌 자신감 있는 태도로 완전히 깨어서 고객과 함께한다.

프레즌스 유지하기 질문

- 지금 이 주제를 이야기하면서 어떤 감정이 드나요?
- 지금 이 순간에 가장 중요하게 느껴지는 건 무엇인가요?
- 지금 이 대화를 통해 무엇을 발견하거나 느끼고 있나요?
- 현재 이 상황에서 가장 크게 다가오는 게 뭔가요?
- 지금 이 순간 어떤 통찰이 떠오르나요?
- 그 경험 속에서 어떤 점이 가장 강렬하게 느껴졌나요?
- 그 일이 일어났을 때, 내면에서 무슨 일이 일어나고 있었나요?
- 이 경험이 고객님에게 어떤 깨달음을 주었나요?
- 그 선택의 배경에는 어떤 욕구가 있나요?
- 이 상황에서 고객님이 진짜로 원하는 게 무엇인가요?
- 지금 뭔가 큰 울림이 있는 것처럼 느껴져요. 어떻게 느끼고 계신가요?
- 지금 말하면서 어떤 감정이 드나요?
- 지금의 감정을 색깔로 표현한다면, 어떤 색깔로 나타낼 수 있을까요?
- 지금의 감정을 이미지로 표현한다면, 어떻게 표현할 수 있을까요?
- 지금 말씀하신 내용에 어떤 메시지가 있는 거 같아요. 그게 뭘까요?
- 지금 언급한 두 가지가 서로 연결되어 있는 것처럼 느껴집니다.

정의: 고객 시스템의 맥락에서 전달하는 것을 충분히 이해하고, 고객의 자기표현을 돕기 위해 고객이 말한 것과 말하지 않은 것에 초점을 맞춘다.

적극적으로 경청하기 질문

- 괜찮다고 말하는데도, 표정은 어두워 보이는 거 같네요. 어떤가요?
- 지금 말하지 않은 게 뭔가 있는 거 같아요. 어떤가요?
- 지금 목소리가 낮아졌는데, 마음에 걸리는 게 뭔가 있는 거 같아요. 어떤가요?
- 뭔지 모르지만 지금이 매우 중요한 전환점이라는 느낌이 드네요. 어떤가요?
- 지금 말한 내용을 통해, 자신에 대해 알게 된 건 무엇입니까?
- 그런 일을 하려고 하는 고객님은 어떤 가치를 추구하는 사람인가요?
- 지금 하려고 하는 일은 고객님의 어떤 가치와 연결되나요?
- 지금 하려고 하는 일의 의미는 어떤 것인가요?
- 지금 말씀하신 내용을 돌이켜볼 때, 고객님은 어떤 사람인가요?
- 지금 에너지를 느낀다고 했는데, 뭐가 고객님을 움직이게 하나요?

- 새로운 시도를 한다고 하셨는데, 뭐가 고객님에게 그런 힘을 주나요?
- 지금 고객님의 마음을 설레게 하는 것은 무엇인가요?

핵심 역량 7. 알아차림을 불러일으킨다

정의: 강력한 질문, 침묵, 은유 또는 비유와 같은 도구와 기술을 사용하여 고객의 통찰과 학습을 촉진한다.

알아차림을 불러일으키기 질문

- 예전에 이와 유사한 일을 성공했을 때는 어떻게 했나요?
- 예전에 어떻게 했을 때 효과적이었나요?
- 이것과 관련한 과거의 성공 경험은 뭔가요?
- 과거의 경험으로 미루어볼 때 어떻게 하는 게 효과적일까요?
- 계속 그 방법을 고수한다면 어떤 결과가 예상되나요?
- 그 방식은 주변 사람들에게 어떤 영향을 줄까요?
- 10년 후에 이 상황을 돌이켜본다면 어떻게 하겠습니까?
- 지금까지 시도하지 않은 다른 방법이 있다면 뭘까요?
- 이 목표는 스스로 원하는 것인가요? 아니면 의무감에서 비롯된 것인가요?
- 다른 사람들이 알아주지 않는다고 해도 이 목표를 달성하고 싶은가요?

- 이 결정은 고객님의 어떤 가치를 반영하고 있나요?

- 지금의 생각을 바꾸면, 어떤 일이 일어날까요?

- 절대로 실패하지 않는다면, 뭘 해보고 싶은가요?

- 지금보다 10배 더 용기가 있다면 어떻게 하겠습니까?

- 아무런 제약이 없다면, 뭘 해보고 싶은가요?

- 지금까지 시도해보지 않은 새로운 방법이 있다면, 그건 뭘까요?

- 지금 이 순간, 어떤 감정이 떠오르나요?

- 지금 이 순간, 뭐가 가장 마음에 걸리나요?

- 지금 말한 것 외에 또 뭐가 있을까요?

- 지금 말한 것의 내면에는 어떤 욕구가 있을까요?

- 그때 뭐가 성공의 열쇠였다고 생각하나요?

- 고객님은 무엇에 동기부여가 됩니까?

- 고객님은 어떤 상황에서 더 에너지가 생기나요?

- 고객님의 발전을 위해 더 필요한 건 뭔가요?

- 이 상황에서 자주 나타나는 행동은 무엇입니까?

- 이 상황에서 편안하고 자연스럽게 느끼는 건 뭔가요?

- 이럴 때 주로 어떤 감정을 느끼나요?

- 이런 상황에서 나타나는 고객님의 생각과 감정, 행동 패턴은 무엇입니까?

- 이 목표를 달성하기 위해 제일 먼저 뭘 해야 할까요?

- 이 목표를 달성하기 위해 어떤 자원을 활용할 수 있을까요?

- 고객님을 망설이게 하는 것은 무엇인가요?

코칭이 심리학을 만났을 때

- 하고 싶었지만, 하지 않고 있는 것은 무엇입니까?
- 헬리콥터를 타고 하늘 위에서 이 상황을 보면 어떻게 보일까요?
- 10년 후에 이 상황을 돌이켜보면 어떤 생각이 들까요?
- 이 관점이 오른쪽이라면, 왼쪽 관점은 무엇일까요?
- 주변을 둘러보세요, 뭐가 보입니까? 그것의 관점에서 이 주제를 보면 어떤 생각이 듭니까?
- 이 상황에서 고객님이 성취한 것은……
- 고객님이 주저하고 있다고 느껴진 것은……
- 이 상황을 보면서 제가 느낀 점은……
- 이 문제에 대해 제게 떠오른 생각은……

핵심 역량 8. 고객의 성장을 촉진한다

정의: 고객의 학습과 통찰을 행동으로 전환할 수 있도록 협력한다. 코칭 과정에서 고객의 자율성을 촉진한다.

성장을 촉진하기 질문

- 오늘 세션에서 새롭게 알게 된 것을 일상에서 어떻게 활용할 수 있을까요?
- 이 통찰을 바탕으로 다음에 시도해볼 수 있는 작은 행동은 무엇인 가요?
- 이 새로운 학습을 직장이나 가정에서 어떻게 적용해보시겠어요?

- 이 변화된 인식을 통해 고객님의 행동에 어떤 변화가 있을 거 같나요?
- 목표 달성을 위해 제일 먼저 시도해야 할 것은 무엇인가요?
- 이 목표의 달성 여부를 어떻게 측정하고 평가할 수 있을까요?
- 새로운 배움을 실천하기 위해 필요한 자원은 무엇인가요?
- 새로운 배움을 실천하기 위해 어떤 노력이 필요할까요?
- 고객님에게 가장 끌리는 방법은 무엇인가요?
- 어떤 행동을 선택하겠습니까?
- 어떤 방식으로 목표 달성 여부를 측정하고 싶은가요?
- 어떤 방법으로 실행 여부를 점검하고 관리하겠습니까?
- 이 행동을 시도할 때 예상되는 도전은 무엇인가요?
- 이 행동이 성공할 경우 어떤 긍정적인 효과가 있을까요?
- 이 행동을 통해 어떤 배움을 얻을 수 있을까요?
- 이 행동을 통해 어떤 변화를 기대하시나요?
- 이 목표를 달성하기 위해 어떤 자원이 필요한가요?
- 목표 달성을 위해, 고객님의 어떤 강점을 발휘하겠습니까?
- 예상되는 장애는 무엇인가요?
- 그 장애는 어떻게 극복할 생각인가요?
- 오늘 세션에서 어떤 중요한 통찰을 얻으셨나요?
- 이번 코칭을 통해 무엇을 배웠나요?
- 이번 코칭을 진행하는 동안 어떤 점이 어려웠고, 무엇을 시도해보았나요?

코칭이 심리학을 만났을 때

- 오늘 세션에서 다룬 내용을 요약해보시겠습니까?
- 오늘 코칭에서 기억에 남는 것은 무엇인가요?
- 오늘 코칭을 통해 새롭게 발견한 건 무엇인가요?
- 오늘 코칭에서 어떤 게 의미 있었나요?
- 오늘 코칭을 통해 관점이 전환된 것은 무엇입니까?
- 그동안 이룬 성취를 축하합니다. 이번 성취를 위해 어떤 노력을 했나요?
- 고객님이 지금껏 보여준 실행 의지와 노력에 박수를 보냅니다. 이 성취를 이루기 위해 어떤 어려움을 극복했나요?
- 드디어 결국 해냈군요! 정말 축하합니다. 이 성과가 고객님에게 어떤 의미가 있나요?
- 그동안 많은 변화를 이룬 걸 축하합니다. 그동안 이룬 변화의 결과로 앞으로의 삶이 어떻게 달라질까요?

코칭이 심리학을 만났을 때

초판 1쇄 발행 | 2025년 4월 30일

지은이 | 김종명

발행인 | 김태진, 승영란

편집주간 | 김태정

마케팅 | 함송이

경영지원 | 이보혜

디자인 | 여상우

출력 | 블루엔

인쇄 | 다라니인쇄

제본 | 경문제책사

펴낸 곳 | 에디터

주소 | 서울특별시 마포구 만리재로 80 예담빌딩 6층

전화 | 02-753-2700, 2778 팩스 | 02-753-2779

출판등록 | 1991년 6월 18일 제1991-000074호

값 18,000원

ISBN 978-89-6744-292-7 03320